JUSTICE :
L'INTÉRÊT D'UN ORDRE MONDIAL

Collection
(NE ME CROYEZ PAS !)
Tome 3

Copyright © par Patrick Lalevée

Design de couverture : © Patrick Lalevée
Création Graphique : © Sara Lalevée Robert

Édition : BoD · Books on Demand, 31 avenue Saint-Rémy, 57600 Forbach, bod@bod.fr

Impression : Libri Plureos GmbH, Friedensallee 273, 22763 Hambourg (Allemagne)

www.patricklalevee.com

Dépôt légal : Décembre 2024
ISBN : 978-2-3225-1637-7

Patrick Lalevée

JUSTICE : L'INTÉRÊT D'UN ORDRE MONDIAL

Collection
(NE ME CROYEZ PAS !)
Tome 3

« Cette œuvre est protégée par le droit d'auteur et strictement réservée à l'usage privé du client. Toute représentation ou reproduction intégrale ou partielle faite par quelque procédé que ce soit, au profit de tiers, à titre gratuit ou onéreux, sans le consentement de l'auteur ou de ses ayants cause, est strictement interdit et constitue une contrefaçon sanctionnée par les articles L 335-2 et suivants du Code de la propriété intellectuelle. L'Auteur se réserve le droit de poursuivre toute atteinte à ses droits de propriété intellectuelle devant les juridictions civiles ou pénales. »

INFORMATION !

Vous avez entre les mains un ouvrage vous permettant de mieux comprendre la réalité de notre environnement. Les investigations menées avec minutie sur le plan local et international, mettent en évidence la réalité de la société actuelle. Les chapitres de *« JUSTICE, L'INTÉRÊT D'UN ORDRE MONDIAL »,* que vous vous apprêtez à lire, n'ont pas d'ordre de lecture. Ainsi, vous pouvez les lires dans le désordre sans dénaturer la qualité du chapitre ou la compréhension globale de l'ouvrage.

Avec ce QR Code, trouver toutes les cartes et images de cet ouvrage en couleur Grand Format :

Adresse du site de l'ouvrage :
https//www.patricklalevee.com

L'auteur

Avec le temps, **Patrick Lalevée** a élargi son champ d'observation. Son regard ne se limite plus à un pays ou à un événement précis, mais s'étend à l'ensemble du monde et à ses équilibres fragiles. Il s'intéresse aux règles, visibles ou invisibles, qui régissent les relations entre les peuples et les nations.

À force de lire, d'analyser et de comparer, une question revient sans cesse. Qu'est-ce que la justice, lorsqu'elle est pensée à l'échelle mondiale ? Est-elle la même pour tous ? Et qui décide réellement de ce qui est juste ou nécessaire ?

Dans ce troisième tome, Patrick Lalevée explore la notion d'ordre mondial, ses intérêts, ses limites et ses contradictions. Il tente de rendre compréhensibles des mécanismes souvent perçus comme lointains ou abstraits, en les reliant à leurs conséquences concrètes sur la vie des citoyens.

Son objectif reste inchangé. Éclairer, questionner et inviter chacun à regarder au-delà des apparences.

Dans la même collection \
NE ME CROYEZ PAS !

Tome 1 : Liberté, surpopulation et décadence 2020-2120
Tome 2 : Covid 19, la manipulation Française
Tome 3 : Justice, l'intérêt d'un ordre mondial
Tome 4 : Des règles pour un monde meilleur

Mais comment en est-on arrivé là ?

[Toutes les cartes et images de cet ouvrage sont disponibles en couleur Grand Format sur le site : https//www.patricklalevee.com]

Si le monde c'est nous tous, il dépend bien trop souvent de la politique d'un seul homme.

Patrick Lalevée

Avant-propos

Sommes-nous réellement conscients de l'ampleur du chantier qui nous attend pour préserver et améliorer notre société ? Ce défi n'est plus seulement national ou européen. Il est désormais indissociablement mondial. L'urgence nous impose aujourd'hui d'observer avec une objectivité froide les points critiques de notre civilisation et d'avoir la lucidité de reconnaître qu'il faut agir sur les causes, et non plus subir les conséquences.

Ce qui fait cruellement défaut à notre époque, ce sont des dirigeants visionnaires animés par un amour sincère de l'Humain. De tous les humains. Le monde a besoin de leaders capables de préparer les peuples à un destin collectif plutôt qu'à un repli individualiste suicidaire. Gouverner avec vision, c'est s'entourer de compétences réelles et non de carrières politiques, afin d'identifier les racines de nos maux et d'instaurer les piliers d'une vie épanouie et sécurisée pour chaque citoyen. Alors que les ressources naturelles s'épuisent, que la pollution sature notre environnement et que les tensions migratoires s'intensifient, l'absence de concertation réelle entre les nations nous condamne à l'impasse. Dans une société en expansion constante, les besoins fondamentaux deviennent des moteurs de guerre. Puisque ces défis ignorent les frontières, nos règles doivent, elles aussi, s'affranchir des limites nationales.

Cet ouvrage dessine la transition nécessaire pour harmoniser la justice entre les nations et placer l'instruction au cœur du système. Car la véritable intelligence consiste à instruire pour ne plus avoir à punir. En préparant l'humanité à une institution mondiale capable d'assurer une cohérence d'ensemble, et en instaurant une gestion équitable du sol comme un bien commun, nous pourrons enfin éradiquer les abus et bâtir une véritable équité. Il s'agit ici de démontrer l'intérêt vital d'un ordre mondial juste et équilibré. Si certains s'y opposeront par principe ou par idéologie, la logique de survie et la puissance de la raison finiront, par nécessité, par s'imposer.

CHAPITRE I

La Justice est-elle juste ?.

En France, jusqu'au 19ᵉ siècle, les lois sur l'esclavage, appelées le Code Noir, privaient les esclaves de tout droit. Ce corpus juridique, promulgué initialement en 1685 sous Louis XIV, ne se contentait pas de réglementer une pratique, il institutionnalisait l'inexistence juridique de l'être humain en le rattachant au régime des **biens meubles**. Cette transformation légale de l'homme en simple objet permettait qu'il soit vendu, transmis ou saisi comme un simple outil de travail, démontrant que la loi peut, par sa seule force écrite, effacer l'humanité d'une catégorie entière d'individus.

En France, jusqu'à la fin du 19ᵉ siècle, les enfants travaillaient dans les mines, les usines ou les champs dès l'âge de 5 à 6 ans. Cette exploitation, qui nous semble aujourd'hui d'une barbarie absolue, était alors protégée par le silence de la loi ou par une conception dévoyée de la liberté contractuelle, où l'on considérait que l'enfant pouvait louer sa force de travail au même titre qu'un adulte, sans que l'État n'ait à interférer dans les besoins de main-d'œuvre de la révolution industrielle.

En France, jusqu'en 1944, les femmes n'avaient pas le droit de vote. Cette exclusion civique reposait sur une vision archaïque et inégalitaire de la citoyenneté, prouvant que même une nation se réclamant des Droits de l'Homme peut maintenir une injustice structurelle en privant la moitié de sa population de l'expression de sa souveraineté politique pendant plus d'un siècle et demi.

En France, jusqu'en 1946, le Code de l'Indigénat, appliqué aux habitants des colonies françaises, les privait de leurs droits et permettait des arrestations sans procès. Ce régime d'exception instaurait une justice de type infra-juridique où l'arbitraire administratif se substituait au contrôle judiciaire, créant une fracture indélébile entre les citoyens de plein droit et les sujets coloniaux.

En France, jusqu'en 1981, la peine de mort était encore en vigueur. Le maintien de la guillotine, jusqu'à l'aube des années 80, rappelait que la justice conservait une dimension régalienne absolue, celle de pouvoir s'approprier le droit de vie et de mort sur le justiciable au nom de l'ordre social.

En France, jusqu'en 1982, l'homosexualité était toujours considérée comme un délit par la loi. Cette criminalisation de l'orientation personnelle, héritée de morales religieuses et conservatrices, montre à quel point l'appareil législatif peut s'immiscer dans la sphère la plus intime de l'individu pour en sanctionner la différence.

Alors, la justice est-elle juste ?

C'est peut-être l'une des questions que tout le monde se posera un jour dans sa vie, souvent à l'occasion d'une confrontation directe avec l'appareil judiciaire ou par le simple constat des disparités sociales. Mais plutôt que d'y répondre de manière simpliste, je vous propose une analyse plus approfondie. Car derrière cette simple question, se cache une complexité que vous ne soupçonnez peut-être pas, avec de nombreux paramètres à prendre en compte.

Ces paramètres sont à la fois psychologiques, car ils touchent au sentiment d'injustice inhérent à l'homme, mais aussi techniques, car la justice est une machine procédurale dont les rouages échappent souvent au profane.

La justice est l'un des piliers essentiels de toute société organisée. Elle veille à faire appliquer les lois et à protéger les droits, qu'ils soient individuels ou collectifs. Mais aussi, à sanctionner les infractions pour maintenir l'ordre et l'équilibre social. Elle agit comme un régulateur de tension, une soupape de sécurité indispensable qui empêche le corps social de se désagréger sous le poids des conflits d'intérêts.

En théorie, elle repose sur des principes d'équité et d'impartialité, assurant à chaque individu, un traitement égal devant la loi. Cette égalité théorique, ou égalité devant la loi, suppose que la balance de la justice n'est pas lestée par le statut ou la fortune du justiciable. Pourtant, dans la pratique, bien des questions subsistent.

La justice est-elle réellement impartiale ?

Prend-elle en compte toutes les situations de façon équitable ?

Ses décisions sont-elles toujours objectives et en phase avec les réalités humaines ?

Car la loi, par nature générale et impersonnelle, peut parfois s'avérer d'une rigidité aveugle lorsqu'elle rencontre la singularité d'une vie humaine. Dans cet exposé, nous analyserons les fondements et objectifs de la justice, ses éventuels dysfonctionnements, les facteurs qui influencent ses décisions et enfin, les pistes d'amélioration pour la rendre plus équitable.

La justice est-elle toujours en accord avec la loi, la légitimité et la vérité ?

La justice, ne peut être juste que si le droit l'est également. Mais pour juger correctement, elle doit disposer de toutes les pièces pertinentes pour comprendre les circonstances dans leur globalité. La quête de la justice est intrinsèquement liée à la qualité de l'instruction. Sans une analyse exhaustive des faits, la décision ne peut être qu'approximative.

C'est par le juge que la justice peut atteindre sa pleine justesse !

A condition de disposer des éléments nécessaires pour éclairer une situation et en faire émerger la vérité, ou du moins la version la plus crédible. Celle qui convaincra le juge à partir des pièces fournies. Le juge est ici l'alchimiste qui doit transformer la matière brute des preuves en une vérité juridique solide, une vérité qui, même si elle n'est pas absolue, possède la force de la chose jugée.

La justice, c'est un cadre. Sans cadre, c'est la dispersion et le hasard. Elle repose aussi sur un principe de dissuasion, sous la forme de sanctions et de condamnations. Ce cadre n'est pas là pour contraindre gratuitement, mais pour sécuriser les interactions humaines en rendant les conséquences de nos actes prévisibles.

La véritable justice ne peut être rendue que par des tiers neutres et impartiaux !

C'est la seule manière d'éviter, que les différends ne dégénèrent en règlements de comptes, souvent nourris par la vengeance. Et la vengeance, engendre toujours une chaîne de nouvelles vengeances, parfois sans fin. Là où la vengeance est un cercle vicieux, la justice se veut une ligne droite. Elle intervient pour briser la spirale de la vendetta en substituant l'autorité de l'État aux passions individuelles.

Le rôle de la justice est de pacifier la société, de réparer les souffrances et d'apaiser les relations humaines. Lorsque deux visions s'opposent, il devient indispensable de faire appel à un tiers, qui écoutera les arguments des deux parties, et tranchera en appliquant la loi. Ce processus de contradiction est le cœur battant de la démocratie judiciaire. Permettre à chacun d'être entendu avant d'être jugé.

Mais alors, une loi peut-elle être injuste ?

La loi est le seul repère commun qui permet de définir ce qui est juste. Elle vise à équilibrer la société, étant conçue dans l'intérêt collectif. Bien sûr, certaines lois ne satisferont jamais tout le monde. Et même si l'une des lois semble mauvaise, elle doit être respectée. Car, la transgresser, sait s'exposer à des sanctions. Cet impératif d'obéissance est le prix de la stabilité sociale, mais il pose un dilemme éthique majeur lorsque la loi s'écarte trop brutalement de la conscience commune.

Il existe cependant une distinction essentielle entre ce qui est légal et ce qui est légitime !

La légitimité renvoie à ce qui est conforme aux sentiments profonds de la justice. Ce n'est pas, parce qu'une règle figure dans la loi, qu'elle est forcément juste. La légalité est une conformité technique à un texte, tandis que la légitimité est une résonance morale avec les valeurs d'une époque. Mais grâce à des personnes engagées, qui défendent leurs idées au sein des institutions, des lois sont créées, modifiées, remplacées ou supprimées. Le droit est donc un organisme vivant, capable de s'amender pour corriger ses propres erreurs passées.

On ne peut parler de justice sans parler de loi, et de loi sans parler de droit !

Dans le langage géométrique, une droite, est une ligne simple et directe, qui désigne le chemin le plus court vers un but. « Aller droit au but ». En justice, aller droit vers la vérité ou du moins vers l'histoire la mieux prouvée. Cette analogie géométrique n'est pas anodine. Car elle suggère que la justice doit rejeter les sinuosités du mensonge et les artifices de la rhétorique pour viser l'évidence factuelle.

Le droit évoque aussi la droiture, une notion liée au comportement, au respect des règles, à l'honnêteté, à la morale, claire et logique, qui ne permet pas la dispersion. Le droit est composé d'un ensemble de règles définies et référencées, que l'on applique selon les circonstances d'une infraction. Ces règles sont la base sur laquelle on s'appuie pour agir ou s'abstenir dans la société, mais aussi dans son foyer. Elles constituent une boussole éthique universelle qui régule aussi bien le contrat international que le respect mutuel au sein de la cellule familiale.

Tout ce qui est dans la société doit respecter les règles, le droit et la loi. C'est une obligation, un cadre que nous devons tous suivre. En dehors de cela, c'est l'anarchie, le désordre et la multiplication de la violence. Le droit est notre code commun qui régule notre sécurité collective. Mais il ne peut fonctionner seulement, que si la majorité s'y conforme. Sans cela, c'est la violence, le chaos et la destruction. Comme à l'époque de l'Antiquité ou du Moyen Age, où la loi du plus fort prévalait sur les plus faibles. Sans le bouclier du droit, le plus vulnérable est à la merci du plus puissant. C'est précisément pour substituer la force de l'argument à l'argument de la force que le système judiciaire a été érigé.

Ainsi, la justice n'est pas simplement un ensemble de règles écrites en fonction de l'évolution de la société. Elle est également instaurée pour punir ceux qui nuisent à l'équilibre de cette société et de préserver, voire de restaurer la paix et l'ordre moral. Elle possède une dimension préventive. En sanctionnant l'écart, elle réaffirme la valeur de la règle.

Il n'en est pas moins que certaines lois sont absurdes, voire en totale déconnexion avec le bon sens le plus élémentaire et le sentiment naturel de justice qui habite chaque citoyen. Par exemple, citons une loi qui semble parfois tourner au profit des squatteurs, créant une situation ubuesque où le droit de propriété, pourtant garanti par la Constitution, se voit bafoué par des mécanismes de responsabilité civile détournés de leur sens initial.

Selon l'article 1242 du Code civil, un propriétaire est responsable des dommages causés par son bien, même en son absence. Ce principe de responsabilité du fait des choses, s'il a été conçu pour protéger les tiers contre la négligence, devient une arme paradoxale lorsqu'il est invoqué par ceux qui occupent un lieu sans droit ni titre. Cette responsabilité s'applique quelle que soit la situation légale de la personne victime du dommage. De ce fait, un squatteur, qui s'est introduit par effraction ou par ruse dans un domicile, peut porter plainte et obtenir réparation, si une défaillance du logement entraîne un dommage corporel. On se retrouve alors dans la situation surréaliste où celui qui viole la loi est protégé par cette même loi contre celui qu'il lèse. Et cette situation peut conduire à des décisions judiciaires incompréhensibles pour les propriétaires, pourtant victimes d'une occupation illégale, lesquels se voient parfois condamnés à verser des indemnités à ceux qui les spolient de leur propre toit, inversant ainsi la hiérarchie morale de la culpabilité.

Ou encore l'usage abusif du dispositif de surendettement, qui illustre parfaitement comment un filet de sécurité sociale peut être transformé en un outil d'évasion de responsabilité civile. Le dispositif de surendettement, géré par la Banque de France, a pour but de protéger les personnes de bonne foi, confrontées à des difficultés financières majeures (perte d'emploi, divorce, maladie, etc.). Il permet de rééchelonner ou d'effacer des dettes pour éviter l'exclusion sociale, une mission noble visant à offrir une seconde chance à ceux que les accidents de la vie ont terrassés. Cependant, ce dispositif comporte des failles importantes permettant à certaines personnes condamnées au civil pour des loyers impayés, dégradations locatives, dettes envers des artisans ou des particuliers, de se soustraire à leurs obligations. Ces failles transforment une mesure de solidarité en un mécanisme d'impunité pour les débiteurs de mauvaise foi, qui utilisent la technicité administrative pour vider de sa substance une condamnation judiciaire pourtant légitime.

Voici un exemple concret et particulièrement révélateur de ce dysfonctionnement systémique. Un locataire est condamné par la justice à rembourser 10 000 € à son ancien propriétaire pour la dégradation de son logement, un acte qui relève parfois de la malveillance pure et simple. Ne souhaitant pas payer, il dépose un dossier de surendettement dans lequel il minimise ses revenus, gonfle artificiellement ses charges et cache la présence d'un co-occupant pour simuler une situation de grande précarité. Il orchestre ainsi une mise en scène d'insolvabilité pour paralyser l'action du créancier. Le problème est que le système repose essentiellement sur la bonne foi, une présomption qui, dans ce cadre précis, devient une naïveté coupable de l'institution. Car il n'y a aucune enquête de terrain. Aucun contrôle, aucun croisement automatique avec les données fiscales, CAF, impôts, ou documents contractuels. L'administration se contente souvent de déclaratifs non vérifiés, laissant la porte ouverte à toutes les manipulations. Par conséquent, il obtient généralement l'effacement total ou partiel de sa dette, malgré une condamnation judiciaire. Ce faisant, l'autorité de la chose jugée est purement et simplement piétinée par une décision administrative prise en coulisses.

Il existe aussi, une différence de traitement très choquante entre des créanciers, qu'ils soient publics ou privés. Par exemple, l'article L711-4 du Code de la consommation exclut certaines dettes de toute procédure d'effacement. Notamment, les condamnations pénales, les fraudes aux prestations sociales et les dettes fiscales et amendes. L'État s'assure ainsi que ses propres créances sont sacrées et inaliénables, protégeant le Trésor public avec une rigueur implacable. Mais uniquement lorsqu'elles concernent l'État ou les organismes publics.

À l'inverse, une dette civile envers un particulier ou une entreprise, même issue d'un jugement et d'une condamnation, peut être effacée sans leur accord. Et les conséquences sont terribles. Le créancier (souvent un particulier), investit des années de procédures judiciaires pour faire valoir ses droits, engageant des frais d'avocats et d'huissiers souvent conséquents. Il gagne le procès, mais ne reçoit jamais la compensation qui lui est dû. Et le débiteur peut recommencer la même stratégie chaque année en redéposant un nouveau dossier de surendettement. On assiste ici à une spoliation légale du petit propriétaire ou de l'artisan, dont la reconnaissance en tant que victime n'est que purement symbolique puisque dépourvue d'effet financier.

Cette situation soulève une profonde injustice systémique. Dans le cas présent, le débiteur est protégé, parfois à tort et le créancier, pourtant reconnu comme victime par la justice, est abandonné. Le système finit par protéger l'agresseur économique au détriment de celui qui a respecté les règles.

D'après vous, l'état protège-t-il encore les citoyens honnêtes ?

Pourquoi aller devant les tribunaux, si une décision judiciaire peut être annulée par une simple procédure administrative ?

Est-ce une incitation à frauder, à dégrader, puis à se déclarer insolvable après une condamnation ?

Ces questions ne sont pas seulement rhétoriques, elles pointent du doigt le risque de rupture du contrat social. Si la justice ne garantit plus l'exécution des peines et des remboursements, les citoyens risquent de se détourner des institutions.

Pour éviter cela, il faut, exiger un contrôle renforcé des dossiers. Obliger la vérification croisée des données fiscales, CAF, contrat de bail, etc. Exclure de la procédure de surendettement, l'effacement de toute les dettes issue d'une décision de justice. Il s'agit de restaurer une hiérarchie claire. La solidarité nationale ne doit pas servir de paravent à l'irresponsabilité individuelle sanctionnée par les tribunaux.

Mais alors, que se passe-t-il quand la justice se trompe ?

Quand elle n'est plus véritablement juste ?

Qui, parmi nous, peut légitimement se poser ces questions ?

Très certainement une victime. Celle ou celui qui a subi un drame, qui a dépensé des sommes importantes pour se défendre et qui a perdu un temps inestimable dans le stress. Cette figure de la victime est le miroir dans lequel la justice devrait contempler ses propres limites. Car pour celui qui souffre, la justice n'est pas un concept abstrait discuté dans des amphithéâtres, mais une attente vitale de reconnaissance et de réparation.

Cette personne peut et est en droit de s'interroger !

A-t-elle été correctement défendue ?

Les intervenants, comme les avocats entres autres, ont-ils réellement donné le meilleur d'eux-mêmes ?

Cette interrogation touche au cœur de la déontologie et de l'engagement professionnel. Car l'obligation de moyens se transforme parfois, par lassitude ou par habitude, en une simple formalité administrative au détriment du justiciable.

Dans ce contexte, comment réparer équitablement ?

Comment être indemnisé justement ?

Car, si les préjudices ne sont pas légitimement réclamés, les juges n'y répondront pas spontanément. Le juge, lié par le principe dispositif, ne peut accorder que ce qui est demandé. Si la défense est défaillante ou incomplète dans l'énumération des préjudices, la justice restera, par construction, incomplète et insatisfaisante.

En définitive, la justice doit être repensée en permanence. Le droit n'est pas immobile. Il se réforme, se discute et se remet en question. Et c'est grâce à cette dynamique que la justice peut espérer devenir véritablement juste. « Ou du moins s'en rapprocher ».

Cette plasticité du droit est sa plus grande force. Il ne doit pas être un mausolée figé, mais un organisme vivant capable de métaboliser les nouvelles souffrances sociales pour les transformer en nouvelles protections.

Quel est le lien entre le droit et la morale ?

Le droit et la morale sont deux piliers essentiels du vivre-ensemble, mais ils n'ont pas la même fonction. Le droit est un ensemble de règles écrites, sanctionnées par l'autorité publique, dont la transgression entraîne des conséquences juridiques (amende et emprisonnement, entre autres.).

La morale, en revanche, est issue des convictions personnelles, religieuses, culturelles ou philosophiques. Elle n'est pas imposée par la loi, mais par la conscience de chacun. Si le droit gère l'ordre extérieur des corps et des biens, la morale gouverne l'ordre intérieur des âmes et des intentions. Pourtant, ces deux sphères ne cessent de s'entrechoquer.

Cependant, le droit s'inspire souvent de la morale. La plupart des grandes lois reposent sur des principes moraux fondamentaux, comme par exemple : « Ne pas tuer, ne pas voler, ne pas nuire à autrui ».

Ces commandements universels constituent le socle de ce que les juristes appellent le droit naturel, cette conscience pré-juridique qui précède l'écriture même de la loi. Mais toutes les normes morales ne deviennent pas des lois, et toutes les lois ne correspondent pas nécessairement à la morale de chacun. Il existe donc parfois un écart entre ce qui est légal et ce qui est légitime, entre ce que permet le droit, et ce que dicte la conscience morale. C'est dans cet interstice, parfois douloureux, que naît le sentiment d'injustice légale.

Un exemple classique est celui des lois injustes dans des régimes autoritaires ou discriminants. Bien que légales, elles heurtent profondément la morale universelle, en niant les droits humains ou en instituant des inégalités. L'histoire montre que des lois peuvent être légales, mais également immorales.

Le légalisme pur, qui consiste à obéir à la loi simplement parce qu'elle est la loi (le positivisme juridique), peut conduire aux pires dérives si l'on oublie de passer le texte au filtre de l'éthique. C'est pourquoi, il est essentiel de maintenir une réflexion constante sur la loi, et de ne pas la considérer comme une vérité figée, mais comme une construction humaine, perfectible.

Peut-on considérer la philosophie comme un outil d'amélioration du droit et de la justice ?

La philosophie est l'un des moyens essentiels pour remettre en question les anciennes règles, les moderniser ou les faire évoluer en les adaptant aux circonstances de notre époque. Elle permet de questionner, de mettre en perspective et de réfléchir sur le sens de la justice au-delà des règles établies. Elle agit comme un microscope qui révèle les impuretés de nos codes et comme un télescope qui nous permet d'apercevoir un horizon de justice plus élevé. Grâce à elle, les sociétés peuvent progresser, dénoncer l'injustice et rendre le droit plus humain. Elle est le moteur de l'évolution juridique et morale.

La philosophie joue un rôle fondamental dans l'évolution du droit et de la justice. Là où la loi applique des règles, la philosophie interroge leur fondement. Elle pousse à se demander : Pourquoi cette loi existe-t-elle ? Est-elle toujours adaptée ? Est-elle juste dans toutes les situations ?

Par exemple, les philosophes comme Platon, Aristote, Rousseau, Kant ou Rawls, ont longuement réfléchi à la notion de justice, se demandant, si celle-ci repose réellement sur l'égalité, l'équité ou le mérite.

De la <u>Justice distributive</u> d'Aristote à la <u>Justice comme équité</u> de John Rawls sous son voile d'ignorance, ces concepts ne sont pas de simples abstractions. Ils sont les schémas directeurs qui structurent nos tribunaux et nos politiques sociales.

Leurs réflexions ont régulièrement influencé les systèmes judiciaires modernes et continuent d'alimenter de nos jours les débats contemporains. Grâce à la philosophie, on peut aussi remettre en question des lois obsolètes, inadaptées à l'évolution des mœurs ou des connaissances scientifiques. C'est souvent par des débats philosophiques, relayés par des intellectuels, des associations ou des citoyens engagés, que les sociétés progressent.

Le droit n'est pas figé, il évolue en fonction des transformations du monde, aux nouvelles injustices et des attentes de justice sociale, écologique et technologique. La philosophie est donc ce regard critique indispensable pour préserver la dimension humaine de la justice. Elle nous rappelle, que le droit ne doit pas être une machine froide, mais un outil au service de l'humain.

Sans cette veille philosophique, la justice risque de se transformer en une simple gestion comptable des litiges, oubliant qu'au bout de chaque dossier, il y a une vie, une attente et une dignité.

La justice est-elle un idéal d'équité et d'impartialité ?

La justice est censée être le garant de l'ordre social et du respect des lois. Ses fondements reposent sur plusieurs principes essentiels : l'impartialité des juges et des institutions, l'égalité devant la loi, et la proportionnalité des sanctions. Ces trois piliers forment l'architecture de l'État de droit. Si l'un d'eux vacille, c'est l'édifice démocratique tout entier qui menace de s'effondrer sous le poids de l'arbitraire.

L'une des valeurs fondamentales de la justice est justement l'impartialité. Les juges doivent être neutres et statuer uniquement en fonction des faits et des preuves, sans favoritisme, ni préjugés. Cette neutralité, fondée sur des principes solides, oblige le magistrat à se protéger des influences extérieures et des rumeurs du monde.

Dans les systèmes judiciaires modernes, des mécanismes existent pour garantir cette impartialité, notamment l'indépendance des magistrats. Cela passe, entre autres, par leur inamovibilité, qui les protège contre les pressions politiques ou économiques.

L'inamovibilité est l'armure du juge. Elle lui permet de rendre une décision impopulaire ou contraire aux intérêts du pouvoir sans craindre de perdre son siège ou de subir une mutation punitive.

Mais alors, si les faits sont avérés par des preuves et qu'un individu est reconnu coupable, quelle sera la sanction ?

Pourrait-il subsister un doute sur le type ou la durée de cette sanction ?

En réalité, cela dépend fortement de l'interprétation du juge, l'interprétation du droit, des faits, mais aussi du profil du prévenu, comme son passé judiciaire, une éventuelle récidive ou son comportement lors de l'audience.

Le procès pénal n'est pas qu'une confrontation de preuves, c'est aussi une mise en scène humaine où le langage non verbal, l'expression des remords ou l'attitude arrogante peuvent influencer l'intime conviction du magistrat de manière déterminante.

D'autres éléments peuvent également influencer cette décision, comme par exemple, l'expérience professionnelle du magistrat ou même son vécu personnel. Nul ne peut totalement s'extraire de sa propre subjectivité. Le juge, malgré son serment, reste un être de chair pétri d'une éducation, de valeurs et d'une sensibilité qui colorent inévitablement son analyse de la norme.

Concernant l'égalité devant la loi, chaque individu, quel que soit son statut social, son origine, sa religion ou sa richesse, doit être jugé selon les mêmes règles. Par exemple, en théorie, un milliardaire et un citoyen modeste doivent être traités de manière équitable face à une infraction similaire. C'est le mythe de Thémis aux yeux bandés, qui ne voit pas la robe de soie ou les haillons, mais seulement la rectitude des actes. Cependant, comme nous le verrons plus loin, cette égalité est parfois mise à mal.

Enfin, la proportionnalité des sanctions vise à adapter les peines à la gravité des infractions commises. Il existe des barèmes de peines destinés à assurer une certaine cohérence dans les jugements. Par exemple, une contravention pour excès de vitesse n'entraîne pas la même sanction qu'un crime grave. Cela garantit une logique dans les décisions judiciaires. Toutefois, cette proportionnalité reste, elle aussi, soumise à l'appréciation du juge.

C'est ici que s'exprime l'individualisation des peines. Un principe protecteur qui permet d'ajuster la loi à l'humain, mais qui peut aussi être perçu comme une source d'imprévisibilité et d'inégalités géographiques entre les tribunaux.

Malgré ces principes théoriques, la justice est loin d'être parfaite. Elle repose sur des valeurs élevées, mais leur application concrète dépend de multiples facteurs humains, contextuels et institutionnels. Cela fait de la justice, non pas une science exacte, mais un idéal vers lequel tendre.

Quelles sont les limites et les failles de la justice ?

Alors, bien que la justice vise l'équité, de nombreux éléments viennent en perturber l'idéal, et cela nous amène à nous interroger sur sa réelle justesse. Par exemple, les inégalités sociales et économiques peuvent influencer la justice ! Car son accès n'est pas le même pour tous !

Comme nous le savons, les personnes les plus riches peuvent s'offrir de meilleurs avocats, allonger les procédures pour épuiser l'adversaire, ou encore assumer des frais judiciaires très élevés. Le temps judiciaire est une arme. Celui qui possède le capital peut l'utiliser pour lasser la partie adverse, multipliant les incidents de procédure et les recours jusqu'à ce que l'opposant, financièrement exsangue, finisse par abdiquer. Ce déséquilibre est particulièrement visible dans les affaires où des dizaines de milliers, voire des millions d'euros sont en jeu.

Par exemple, l'emblématique affaire O.J. Simpson, ancien joueur de football américain, accusé en 1994 du meurtre de son ex-femme et d'un ami, a véritablement marqué les esprits. Ce procès, extrêmement médiatisé, a cristallisé des tensions raciales et divisé profondément l'opinion publique. La couverture médiatique massive et l'ambiance sociale de l'époque ont soulevé de graves doutes sur l'objectivité du jury. Et malgré des preuves accablantes, grâce à une défense extrêmement bien financée et accompagnée d'une stratégie juridique redoutablement efficace, il a été acquitté.

L'affaire Simpson restera dans l'histoire comme la démonstration éclatante qu'une « Dream

Team » d'avocats sur-entraînés peut déconstruire point par point une montagne de preuves techniques en déplaçant le débat sur le terrain de l'émotion et du sociétal.

La plupart des citoyens ayant une vie traditionnelle, c'est-à-dire avec un travail, une voiture, un crédit immobilier et des enfants à l'école, doivent souvent s'organiser tant bien que mal pour trouver un avocat. Ce dernier ne les dissuadera pas forcément de porter l'affaire en justice. Au contraire.

Même sans preuves à disposition, beaucoup leur donneront de l'espoir. L'avocat, pris entre son devoir de conseil et ses propres impératifs économiques, peut parfois encourager des procédures au destin incertain, laissant le client supporter seul les conséquences d'un échec annoncé. Et bien souvent, la procédure peut durer des années, jusqu'à l'épuisement des recours possibles, de l'abandon faute de moyens, ou de la volonté de l'une des parties.

Il est important de comprendre que si vous ne fournissez aucune preuve à votre avocat pour défendre votre bon droit, n'étant pas un magicien, ce dernier ne pourra pas en inventer. Et en l'absence de preuves, il lui sera impossible de vous faire gagner.

La justice est une bataille de preuves, pas une bataille de sentiments. La sincérité d'une victime ne pèse rien face à la froideur d'une absence de pièces versées au dossier.

Puis, il y a les personnes en situation précaire, qui disposent de moyens très limités pour se défendre. Elles doivent souvent se contenter d'un avocat commis d'office, débordé et parfois moins impliqué. Certes, la justice prévoit des dispositifs d'aide, comme l'aide juridictionnelle, permettant aux plus démunis d'accéder à une défense adaptée à leurs faibles ressources. Mais en l'absence de véritable contrôle, ce dispositif louable est sujet à de nombreux abus.

Par exemple, certaines personnes peuvent dissimuler leur réel patrimoine ou revenu afin de bénéficier d'aides indues. Cette fraude à l'aide juridictionnelle est une double peine pour la société. Elle ponctionne les fonds publics et sature les tribunaux de litiges artificiels.

D'autres, profitant d'une prise en charge totale, peuvent abusivement intenter des procès, sans risque personnel. En face, la partie qui se défend devra alors mobiliser ses propres ressources, parfois au prix de lourds sacrifices financiers, sans aucune garantie de remboursement.

C'est une asymétrie de risque totale. L'un joue avec l'argent de l'État, tandis que l'autre joue avec ses économies personnelles pour préserver son honneur ou ses biens. Ces inégalités peuvent malheureusement se répéter, notamment dans des affaires longues et sensibles, comme les litiges liés à la garde des enfants, où la procédure devient non seulement coûteuse, mais aussi émotionnellement éprouvante, durant parfois des années. Ainsi, malgré les principes d'égalité et d'impartialité, la justice reste inégalitaire dans son accès et dans ses moyens, souvent au détriment des plus fragiles.

Quel est l'influence des médias et de l'opinion publique sur la justice ?

Dans certains cas, la justice peut être influencée par l'opinion publique et les médias, ce qui remet en question son impartialité. Le tribunal de l'opinion, avec sa temporalité immédiate et sa charge émotionnelle brute, entre souvent en collision frontale avec le temps judiciaire, qui nécessite du recul, du silence et de la sérénité.

En France, les affaires très médiatisées peuvent exercer une influence directe sur les juges, les incitant à rendre des décisions plus sévères ou plus clémentes pour répondre à l'émotion collective ou à la pression de l'actualité. Cette justice spectacle, dictée par le besoin de satisfaire la vindicte populaire ou de calmer l'indignation des réseaux sociaux, risque de transformer le magistrat en un simple exécuteur des volontés de la foule.

Un exemple historique marquant est l'affaire Dreyfus, à la fin du XIXe siècle.

Alfred Dreyfus, officier juif de l'armée française, fut injustement condamné pour trahison, dans un contexte fortement empreint d'antisémitisme et de préjugés.

Cette affaire illustre de manière tragique comment l'appareil judiciaire peut devenir le bras armé de l'idéologie dominante lorsqu'il renonce à sa neutralité au profit des passions nationalistes.

L'affaire a été profondément marquée par l'influence de la presse, les clivages politiques, sociaux, et l'intervention d'intellectuels comme Émile Zola. Après un long combat médiatique et juridique, Dreyfus fut finalement réhabilité. Cet exemple montre que, même si la justice aspire à la neutralité, elle peut être influencée par les émotions collectives, les débats publics et la médiatisation, surtout dans les affaires très exposées. Cela soulève la question cruciale de la capacité des institutions judiciaires à rester imperméables aux pressions extérieures.

La justice, lorsqu'elle se laisse dicter son verdict par la rue ou par les titres de journaux, cesse d'être une garante de la vérité pour devenir un simple instrument de régulation émotionnelle.

Une loi peut-elle être injuste moralement ?

Il arrive que certaines lois, bien qu'adoptées dans le respect des procédures institutionnelles, soient perçues comme injustes ou illégitimes sur le plan moral. Autrement dit, leur légalité ne garantit pas forcément leur légitimité.

Par exemple, les lois de ségrégation raciale aux États-Unis avant 1964, ou encore le régime de l'apartheid en Afrique du Sud, étaient parfaitement légales dans leurs contextes respectifs, mais profondément contraires aux droits humains fondamentaux.

Ces systèmes juridiques, bien qu'architecturés avec une précision législative redoutable, reposaient sur une abjection éthique, prouvant que le droit peut être utilisé pour structurer scientifiquement le crime et l'oppression.

De même, en France, l'interdiction du droit de vote aux femmes jusqu'en 1944 constituait une discrimination institutionnalisée, en excluant une partie de la population de la citoyenneté. Cette légalité discriminatoire rappelle que le suffrage universel a longtemps été une fiction juridique amputée de la voix de la moitié de l'humanité.

Ces exemples montrent qu'une loi peut être conforme au droit, tout en étant contraire aux principes d'équité, d'humanité ou de morale universelle. C'est pourquoi, il est essentiel de ne pas considérer la loi comme une vérité absolue, mais comme une construction humaine, évolutive et parfois contestable.

La loi peut-elle être biaisée ou favoriser certains groupes ?

Il existe également des lois qui, bien que légales, sont rédigées de manière à favoriser certains groupes sociaux, politiques ou économiques, souvent au détriment de l'intérêt général. C'est ce que l'on pourrait appeler la <u>capture du droit</u> par des intérêts particuliers, où la norme devient un privilège déguisé en règle générale. On pense notamment à certaines niches fiscales qui offrent aux grandes multinationales la possibilité de réduire fortement leur charge fiscale, en utilisant par exemple, des mécanismes d'optimisation, mis à leur disposition.

Des entreprises telles que Total, Sanofi, ou encore Apple, Google et Amazon, sont régulièrement citées parmi les exemples les plus emblématiques. Ces mécanismes, bien que parfaitement légaux, créent un sentiment d'injustice fiscale insupportable pour le citoyen moyen qui, lui, ne dispose d'aucun levier pour négocier son imposition.

De plus, les groupes d'influence (ou lobbys) jouent un rôle majeur dans l'élaboration des lois. Dans de nombreux pays, des secteurs comme l'industrie pharmaceutique ou agroalimentaire exercent une pression politique importante pour faire adopter des réglementations favorables à leurs intérêts. Ces lobbys opèrent dans les zones d'ombre du pouvoir législatif, influençant la virgule d'un amendement ou la suppression d'une contrainte sanitaire au profit de la rentabilité commerciale.

Un autre exemple est le Crédit d'Impôt Recherche (le CIR). Ce dispositif vise à encourager l'innovation en permettant aux entreprises de déduire une partie de leurs dépenses en recherche et développement de leurs impôts. S'il est légitime dans son principe, il bénéficie surtout aux grandes entreprises, qui disposent des moyens pour en tirer pleinement profit, contrairement aux petites structures, souvent écartées du dispositif faute de ressources ou d'expertise.

L'inégalité se niche ici dans la complexité. Plus une loi est complexe à appliquer, plus elle favorise ceux qui ont les moyens de s'entourer d'experts pour la décoder.

Ainsi, même si ces lois sont parfaitement légales, elles peuvent renforcer les inégalités économiques et sociales. Ce décalage entre légalité et justice sociale alimente un sentiment d'injustice dans la population, et remet en cause la légitimité de certaines décisions politiques ou judiciaires. La loi, lorsqu'elle est perçue comme un instrument au service des puissants, perd sa force morale et encourage la défiance, voire la désobéissance civile.

La loi peut-elle être dépassée ou inadaptée ?

Avec le temps, les sociétés évoluent, mais la loi ne suit pas toujours au même rythme. Certaines règles juridiques deviennent alors obsolètes, voire contraires aux nouvelles normes sociales ou scientifiques. Ce phénomène de sclérose législative, crée un vide où le citoyen se retrouve jugé par des textes qui appartiennent à une époque révolue, ne reflétant plus les aspirations éthiques du présent.

Par exemple, l'interdiction de l'homosexualité en France, abrogée seulement en 1982, illustre bien le décalage entre la loi et une société qui, peu à peu, évoluait vers plus de tolérance et de respect des différences. Il a fallu des décennies de lutte pour que le code pénal cesse de criminaliser l'intime, prouvant que la loi est parfois le dernier rempart du conservatisme avant de céder sous la poussée du progrès social.

De même, face à l'urgence climatique, de nombreuses lois environnementales sont jugées insuffisantes, car elles ne répondent pas à la gravité de la situation. Bien que certaines mesures aient été mises en place, elles sont souvent trop timides, trop tardives, ou freinées par des intérêts économiques.

Le droit de l'environnement souffre d'une inertie chronique. Les mécanismes de régulation actuels sont souvent calqués sur un modèle industriel de croissance infinie, les rendant inopérants face à l'épuisement des ressources biologiques. La loi, bien qu'officielle, peut donc perdre sa légitimité lorsqu'elle ne répond plus aux besoins réels de la société.

Une loi peut-elle être appliquée de manière inéquitable ?

Même lorsqu'une loi est juste dans son formulaire, son application peut s'avérer injuste selon le contexte, l'interprétation du juge ou des moyens de la personne concernée. Par exemple, deux personnes ayant commis le même délit peuvent recevoir des peines très différentes, en fonction de la qualité de leur avocat, de leur situation financière, ou encore de leur statut social.

Une personne aisée pourra engager un avocat expérimenté, tandis qu'une personne en difficulté devra se contenter d'un avocat commis d'office, souvent débordé. Cette justice à géométrie variable est la négation même du principe d'égalité. La sanction ne dépend plus seulement de la gravité de l'acte, mais de l'arsenal juridique que le prévenu est capable de mobiliser pour sa défense.

Autre exemple frappant, un individu peut se voir infliger une peine de prison pour un petit délit, comme la vente de produits contrefaits, tandis que des dirigeants d'entreprises responsables de fraudes financières massives, qui ont mis en péril des milliers d'emplois, échappent souvent à toute incarcération, grâce à des failles ou des stratégies juridiques longues et complexes.

C'est le scandale de la délinquance en col blanc. Là où la justice est expéditive et sévère pour la délinquance de survie, elle se montre d'une patience et d'une clémence procédurale infinie pour ceux dont les crimes se commettent à coups de transferts de fonds et de manipulations comptables.

En théorie, tous les citoyens sont égaux devant la loi, mais dans les faits, cette égalité est loin d'être toujours respectée.

Une loi peut-elle être légale dans un régime autoritaire ?

Alors, dans les régimes autoritaires, une loi est dite « légale » dès lors qu'elle est adoptée selon les procédures en vigueur dans ce système. Même si ce système est répressif ou injuste. Si par exemple, le chef de l'État détient tous les pouvoirs, une loi qu'il promulgue devient automatiquement légale, même si elle restreint gravement les libertés fondamentales.

Dans ces structures autocratiques, la légalité n'est plus qu'un masque de théâtre posé sur la force brute. On utilise le vocabulaire du droit pour anéantir les droits. Dans ce contexte, les institutions traditionnelles, comme le parlement, la justice et les médias, sont souvent sous contrôle.

Par conséquent, il n'y a aucun contre-pouvoir pouvant réellement s'opposer à une loi injuste. Le juge devient alors un simple rouage de l'administration policière, et le palais de justice se transforme en une chambre d'enregistrement des ordres venus d'en haut.

Par exemple : Le procès de Nelson Mandela en Afrique du Sud. Nelson Mandela n'a pas été condamné pour avoir commis des crimes, mais pour avoir osé défier un régime injuste. Sa condamnation de 27 années d'emprisonnement était légale selon les lois de ce régime, mais profondément injuste au regard des principes universels des droits humains.

Ce procès illustre le naufrage d'une justice qui, en respectant la lettre de lois racistes, a totalement abdiqué son esprit de justesse. Son histoire nous rappelle qu'une loi peut être légale sans être légitime, surtout dans un régime où la justice est instrumentalisée par le pouvoir politique. Et c'est bien parce que la légalité ne suffit pas, que la légitimité morale et humaine doit rester une exigence fondamentale.

La résistance à la loi injuste devient alors, comme le suggèrent les principes universels de conscience et de justice, un devoir supérieur lorsque le droit positif entre en contradiction avec le droit naturel de chaque être humain à la dignité et à la liberté.

Que se passe-t-il, quand un juge ou un intervenant de la justice n'est pas neutre, impartial ou en situation de conflit d'intérêts ?

Cette question touche au cœur même du contrat social, car si le garant de la règle est lui-même affranchi de l'objectivité, c'est l'idée même de vérité qui s'effondre.

Un conflit d'intérêts survient lorsqu'une personne en position de responsabilité, par exemple un juge, risque de rendre un jugement biaisé en raison d'un intérêt personnel, affectif, financier, idéologique ou relationnel. Il s'agit d'une interférence entre une mission de service public et des intérêts privés qui, même s'ils ne dictent pas consciemment la décision, créent une ombre portée sur la sérénité du délibéré.

En d'autres termes, le juge a un intérêt autre que la stricte application de la justice. Dans ce cas, il ne peut plus garantir l'impartialité qui fonde la crédibilité du système judiciaire. Le magistrat doit être, selon la formule consacrée, à équidistance des parties. Toute inclinaison, même infime, transforme la balance de la justice en un instrument de faveur.

Même s'il pense pouvoir rester neutre, le simple fait qu'un lien personnel ou d'influence existe peut suffire à altérer la perception de son impartialité, et donc à entacher la légitimité de sa décision. La justice ne doit pas seulement être rendue, elle doit aussi donner l'apparence d'être rendue sans soupçon. C'est la théorie de l'apparence, essentielle pour maintenir la foi du citoyen dans ses institutions. C'est pourquoi on applique le principe de précaution judiciaire : « Aucune justice ne doit être rendue par un juge en situation de conflit d'intérêts. »

Alors, quelles sont les conséquences d'un conflit d'intérêts non déclaré ?

En principe, le jugement doit être annulé. Le juge peut être sanctionné, et surtout, la confiance du public dans la justice peut être sérieusement remise en cause.

Une annulation pour cause de partialité est un séisme procédural qui invalide des mois de travail et jette le discrédit sur l'ensemble de l'appareil judiciaire.

Si un lien est avéré entre un juge et une partie au procès, le juge a l'obligation de se dessaisir spontanément de l'affaire. À défaut, l'une des parties peut demander sa récusation, en motivant sa demande. Si elle est acceptée, un autre magistrat sera alors désigné pour reprendre le dossier. Ce droit de récusation est une soupape de sécurité indispensable, permettant de purger la procédure de tout élément suspect avant que le verdict ne tombe.

Alors, pourquoi est-ce important ?

L'impartialité est le fondement de toute décision juste. Un juge en lien personnel ou affectif avec un prévenu pourrait, même inconsciemment, faire preuve de clémence ou, au contraire, selon les circonstances, d'une excessive sévérité. Les biais cognitifs et les affinités électives sont des poisons lents qui peuvent altérer la perception des preuves, transformant un doute raisonnable en une certitude coupable, ou inversement.

Cela vaut aussi dans le contexte particulier du champ politique, où il est difficile pour un juge de ne pas avoir un avis préalable sur une figure publique, du fait de ses idées, de sa notoriété ou des tensions sociales qu'elle suscite. Le magistrat est aussi un citoyen, mais sa fonction lui impose une discipline idéologique d'autant plus difficile à tenir que l'affaire est hautement inflammable.

Par exemple, l'affaire judiciaire impliquant le Rassemblement National en 2025 en est une illustration. Sans remettre en question le fond du dossier, la condamnation partielle à l'inéligibilité de Marine Le Pen, figure politique majeure, soulève des interrogations sur l'impartialité réelle du traitement de l'affaire.

Le verdict rendu le 31 mars 2025, assorti d'une exécution provisoire malgré les recours en appel, a cristallisé le débat sur ce que certains appellent le <u>gouvernement des juges</u>, où le calendrier judiciaire semble percuter de plein fouet le calendrier démocratique.

Dans ce contexte, bien que la décision repose sur des éléments de droit, elle apparaît comme politique, plutôt que strictement judiciaire. L'utilisation de certains outils juridiques pour écarter un candidat de premier plan crée une situation où la règle de droit devient un enjeu de souveraineté populaire. Ce qui remet en question la légitimité de cette condamnation.

Cela souligne à quel point l'apparence d'impartialité est cruciale. La justice ne doit pas seulement être juste, elle doit aussi en donner l'image. Car dès lors que le doute s'installe sur la neutralité du juge, la décision de justice n'est plus perçue comme un acte de régulation sociale, mais comme un acte d'hostilité partisane.

La loi doit-elle se questionnée ?

La loi est un pilier fondamental de toute société organisée. Elle encadre la vie collective, protège les droits, punit les abus. Mais elle n'est ni infaillible, ni figée. Elle peut être injuste, partiale, inadaptée ou mal appliquée. C'est pourquoi il est essentiel de pouvoir la questionner, la débattre, et si nécessaire, la réformer.

Une loi qui refuse le débat est une loi qui s'asphyxie. La vitalité du droit réside dans sa capacité à accepter la critique pour mieux s'ajuster à la réalité. Une loi juste est une loi qui protège sans discriminer, qui garantit les droits fondamentaux, comme la liberté, l'égalité, la dignité humaine, et qui évolue avec la société.

Or, dans certains contextes politiques, notamment dans des régimes autoritaires, la loi peut devenir un outil d'oppression, tout en restant techniquement légale. Par exemple, elle peut restreindre la liberté d'expression, réprimer l'opposition politique, ou contrôler la presse et la justice.

Dans ces systèmes, le droit est détourné de sa fonction protectrice pour devenir une technologie de contrôle, où chaque article du code sert à verrouiller une liberté supplémentaire. Dans ces cas, la loi perd sa légitimité morale, car elle ne vise plus le bien commun, mais la préservation du pouvoir en place.

Quel est le rôle du droit international ?

Face aux dérives de certains États, le droit international constitue un cadre supérieur, basé sur des principes universels. Des textes comme la Déclaration universelle des droits de l'homme, les traités internationaux, ou encore les conventions de Genève, fixent des limites aux actions des États, même souverains.

Ce <u>droit des gens</u> ambitionne de créer un standard de civilisation minimal au-dessus duquel aucun pouvoir national, aussi absolu soit-il, ne devrait pouvoir s'élever. Si un régime autoritaire signe ces textes mais les viole par ses lois internes, il se met en infraction vis-à-vis du droit international, même si cela ne modifie rien sur son territoire en l'absence de contrôle réel.

En théorie, le droit international vise plusieurs éléments : protéger les droits humains, même contre les lois injustes, encadrer les relations entre États, prévenir les conflits, et juger les crimes majeurs, comme les génocides et les crimes de guerre, et enfin, encourager la coopération mondiale.

Cependant, en pratique, le droit international ne dispose pas toujours des moyens pour empêcher les abus. Il souffre d'un déficit chronique d'exécution.

Sans une police internationale capable d'imposer les arrêts des cours supranationales, le droit reste trop souvent une déclaration d'intention face à la force armée.

Un pays peut violer des règles, provoquer une guerre, ou commettre des crimes sans être immédiatement sanctionné. La justice internationale dépend encore fortement des équilibres géopolitiques, et les décisions tardent souvent à être appliquées. C'est le drame de la justice supranationale. Elle est souvent une justice du temps long, alors que les victimes vivent dans l'urgence absolue de la tragédie.

Alors, quelle sont les erreurs judiciaires et leurs conséquences ?

Une justice humaine, est obligatoirement faillible. Des erreurs judiciaires peuvent condamner à tort des innocents, parfois pour des crimes graves, en ruinant leur vie. Le verdict, lorsqu'il s'écarte de la vérité, devient alors le crime le plus froid de la société, car il est commis au nom de la Loi et de la Justice. Ces erreurs judiciaires, peuvent alors, avoir des conséquences dramatiques. Des années de prison, une réputation détruite et une vie brisée.

L'innocent derrière les barreaux n'est pas seulement une erreur statistique, c'est un naufrage moral pour l'institution tout entière qui a failli dans sa mission de discernement.

Elles sont souvent causées par des témoignages faux ou biaisés, des enquêtes mal menées, des préjugés ou encore de la pression médiatique.

L'enquêteur, aveuglé par une hypothèse de départ, peut parfois négliger les éléments à décharge, créant un tunnel cognitif où chaque indice est interprété pour confirmer la culpabilité du suspect.

Heureusement, les avancées scientifiques comme l'analyse ADN, ont permis de réhabiliter certaines victimes de ces erreurs, souvent bien trop tard, après que le temps irrécupérable a déjà été volé au condamné.

C'est par exemple le cas de Patrick Dils, en France. Condamné en 1989 à l'âge de 16 ans pour un double meurtre qu'il n'avait pas commis. Après 15 ans de prison, il a été innocenté grâce à de nouvelles preuves.

Ce cas tragique illustre l'effrayante inertie de la machine judiciaire. Il a fallu des années de lutte acharnée pour que l'institution admette que son intime conviction initiale était un mirage. Cela prouve bien que la justice peut commettre de graves erreurs.

Et si les intervenants de la justice, étaient en partie, à l'origine des erreurs judiciaires ?

Les erreurs judiciaires peuvent avoir un impact considérable sur le déroulement d'une procédure. Dans une justice organisée par l'Homme, il est illusoire d'espérer la perfection.

POURQUOI ?

Parce que pour obtenir la vérité judiciaire, tout un écosystème humain est mobilisé. La décision finale du juge n'est que le dernier maillon d'une chaîne où chaque maillon précédent peut être corrompu par l'incompétence, la précipitation ou la malveillance.

La justice, ce n'est pas seulement les tribunaux et ceux qui y travaillent. NON. Bien au-delà des magistrats, c'est en réalité toute une chaîne de personnes qui œuvre à l'extérieur pour reconstruire les faits et la vérification des preuves, à la recherche de la vérité. Il y a bien sûr, les acteurs judiciaires directs. Mais il y a aussi les forces de l'ordre, les enquêteurs, les experts, les scientifiques, ainsi que tous les intervenants extérieurs ou indirects.

Parmi eux, on retrouve les témoins, les victimes, les lanceurs d'alerte, les journalistes d'investigation, les travailleurs sociaux, les éducateurs, et bien d'autres encore. Chaque couche d'intervention humaine ajoute un filtre qui peut soit clarifier la vision des faits, soit, au contraire, l'obscurcir par des interprétations subjectives.

Bien que chacun de ces intervenants puisse commettre une erreur, l'idéal serait de s'entourer de professionnels plus responsables, moins motivés par l'argent, et soumis à de véritables mécanismes de contrôle. La justice n'a pas droit à l'erreur, surtout lorsqu'elle touche à la vie humaine. Pourtant, cette justice est dirigée par des hommes et des femmes, avec leur sensibilité personnelle, plus ou moins limitée, susceptible d'altérer volontairement ou involontairement l'accès à la vérité.

Le magistrat est souvent tributaire d'un dossier qu'il n'a pas constitué lui-même. Il juge sur la base d'un matériau fourni par des tiers dont il ignore parfois les biais ou les motivations cachées.

Chaque intervenant, ou du moins chaque acteur du système judiciaire, peut devenir un pollueur d'informations malgré lui. Le plus grave, c'est que ces informations, même erronées, servent souvent de base à une décision de justice. Et bien malgré eux, les magistrats, induits en erreur, rendront des jugements fondés sur des éléments infondés.

Cette contamination de la vérité est particulièrement insidieuse car elle prend l'apparence de la compétence technique ou de l'expertise scientifique.

Dans tous les domaines de la justice, certains intervenants, attirés par l'argent ou le pouvoir de décider du sort d'un individu, peuvent déformer une situation. Cela est particulièrement inquiétant dans le domaine de l'enfance, où les preuves ne sont pas toujours indispensables.

Dans ces dossiers de l'intime, le soupçon remplace parfois la preuve, et l'émotion supplante le droit.

Parfois, une simple lettre, rédigée par une personne mal intentionnée ou guidée par une intuition erronée vis-à-vis d'une famille, peut suffire à déclencher l'intervention des services de protection de l'enfance. Une fois cette machine enclenchée, il devient extrêmement difficile pour les parents comme pour les enfants, d'en sortir, même en l'absence de toute anomalie.

L'administration de l'enfance fonctionne souvent selon un principe de précaution poussé à l'extrême, où il est plus facile de retirer un enfant par erreur que de le laisser dans sa famille par doute.

Initialement, ces intervenants sont censés établir un état des lieux objectif. Et bien que dans de nombreux cas leur action permette de sauver des enfants réellement en danger, il arrive aussi que des familles parfaitement saines soient victimes d'analyses erronées, voire totalement infondées. Une procédure peut alors se déclencher sur la seule base d'un rapport biaisé, rédigé par un professionnel dont l'objectif n'est pas toujours la vérité.

Certains rapports sont rédigés avec une orientation préétablie, où chaque fait est interprété à charge pour valider une intervention administrative prolongée.

Trop souvent, certains de ces intervenants jouent les justiciers. Faute de percevoir de véritables anomalies au sein d'une famille, au lieu de reconnaître qu'il n'y a rien à signaler, ils préfèrent parfois inventer des histoires à charge pour justifier leur intervention et faire perdurer les procédures. Ce faisant, non seulement ils brisent l'équilibre de familles entières, mais ils participent aussi à l'engorgement des tribunaux.

C'est une dérive bureaucratique où le maintien de l'activité du service devient plus important que la résolution réelle des problèmes.

L'erreur est humaine. Mais lorsqu'elle est volontaire, ce n'est plus une erreur !

Cela peut venir d'un gendarme ou d'un policier persuadé de bien faire, qui commet une grave erreur et cherche ensuite à la dissimuler. D'un avocat qui ne défend pas sérieusement son client. D'un médiateur qui oriente la discussion, oubliant son devoir de neutralité. D'un psychologue ou psychiatre qui rédige un rapport de dix pages après un simple entretien de cinq minutes.

Cette expertise express est un affront à la rigueur scientifique et une insulte à la vie du justiciable dont le sort dépend de ces quelques lignes bâclées. D'une assistante sociale ou d'un éducateur malveillant. Ou encore d'une institutrice qui produit un signalement préoccupant, fondé sur un simple désaccord parental, donnant lieu à une enquête menée par des éducateurs trop souvent malhonnêtes, capables de nuire durablement à une famille.

En l'absence d'une véritable institution indépendante, capable de contrôler efficacement les rapports d'expertise en corrélation avec la réalité, les erreurs judiciaires ne pourront être évitées. Il manque à la justice ce contre-expert neutre, un surveillant des surveillants qui garantirait que la parole des experts n'est pas une parole de pouvoir incontrôlée.

Comment rendre la justice plus juste ?

La justice est un pilier de la démocratie. Pourtant, elle n'échappe pas aux critiques. Lenteurs, inégalités, erreurs, ou encore suspicion de partialité. Ces maux ne sont pas une fatalité, mais le résultat d'un système qui a parfois oublié sa finalité première, le service du citoyen et la recherche de la vérité.

Pour qu'elle soit réellement au service des citoyens, plusieurs réformes profondes peuvent être envisagées afin d'en améliorer l'équité, la transparence, l'efficacité et l'impartialité. Je vais ainsi vous donner 4 séries d'arguments.

1. Lutter contre les abus, les manipulations et garantir l'intégrité du système.

- Petit A : Il convient donc de contrôler rigoureusement l'attribution de l'aide juridictionnelle, accordée aux personnes se déclarant précaires, mais qui ne le sont pas forcément, afin d'éviter les fraudes ou les abus. Ce contrôle doit passer par un croisement systématique des fichiers bancaires et patrimoniaux, car chaque euro indûment perçu par un fraudeur est un euro soustrait à la défense d'un citoyen réellement démuni.

- Petit B : Il serait juste que la partie perdante rembourse les frais juridiques de la partie gagnante, afin de rétablir l'équité, de limiter les procédures abusives, et d'encourager un usage responsable de la justice. Le droit de saisir la justice ne doit pas devenir un droit de harceler autrui impunément. L'automaticité du remboursement des frais irrépétibles agirait comme un puissant régulateur contre les procès téméraires ou dilatoires.

- Petit C : Un organisme indépendant devrait être chargé de vérifier la concordance des rapports avec la réalité, rédigés par les intervenants judiciaires (psychologues, assistantes sociales, éducateurs, et experts, entre autres). Notamment dans les affaires familiales, afin d'éviter des présentations biaisées, mensongères ou exclusivement à charge, qui ont des conséquences dramatiques sur les familles. Cet organe de contrôle, sorte de police des rapports, aurait le pouvoir de confronter les écrits à des preuves factuelles et d'écarter les intervenants dont la partialité est démontrée.

- Petit D : Des contrôles inopinés pourraient être effectués dans les cabinets d'avocats suspectés d'avoir manqué à leur devoir de conseil ou, de ne pas avoir étudié leur dossier avec le sérieux nécessaire, notamment envers des personnes vulnérables. L'immunité du cabinet ne doit pas servir de paravent à la négligence professionnelle. Le justiciable doit avoir la garantie que ses honoraires financent un travail de fond et non une simple présence formelle à l'audience.

- Petit E : Toute falsification ou dissimulation de preuves par un professionnel du droit devrait entraîner des sanctions exemplaires, incluant une interdiction définitive d'exercer à vie. Le mensonge technique est une trahison de l'institution. Un auxiliaire de justice qui corrompt la vérité détruit la confiance du public et ne doit plus jamais avoir sa place dans un prétoire.

2. Garantir une justice de qualité, lisible, accessible, pédagogique, équitable et compréhensible pour tous.

- Petit A : Il convient donc de simplifier les procédures et proposer des outils pédagogiques, comme des tutoriels ou des guides thématiques, rédigés en langage clair, qui permettraient aux citoyens de mieux connaître leurs droits et de comprendre les conséquences auxquelles ils peuvent être confrontés. En quelque sorte, des conseils version tuto pour les nuls. La justice ne doit plus être un langage de caste réservé aux initiés. L'accessibilité commence par la traduction du jargon juridique en une langue intelligible par celui qui est jugé.

- Petit B : La médiation et les modes alternatifs de résolution des conflits doivent être encouragés, tout en assurant un contrôle régulier des dossiers par des instances indépendantes, afin d'éviter toute erreur d'appréciation ou d'interprétation susceptible d'influencer l'issue de la décision finale des magistrats. Car sans aucun contrôle, comment avoir la certitude que ledit intervenant n'a pas menti ou commis une erreur d'appréciation envers l'une des parties ? La médiation est un outil formidable de pacification, mais elle ne doit pas devenir une zone de non-droit où la parole du médiateur ferait loi sans recours possible.

- Petit C : La formation continue des magistrats, avocats et policiers est essentielle et doit être obligatoire pour prévenir les discriminations, garantir un traitement équitable et maintenir un haut niveau de compétence. Le droit évolue plus vite que jamais. Un professionnel qui ne se forme pas est un professionnel qui, par ignorance des nouveaux textes ou des biais cognitifs, risque de commettre l'injustice.

- Petit D : Les avocats commis d'office doivent bénéficier d'une formation renforcée, afin de défendre efficacement les plus démunis. La commission d'office ne doit pas être la justice du pauvre ou un terrain d'entraînement pour débutants, mais une mission d'excellence rémunérée à sa juste valeur pour garantir une défense de haut niveau à tous.

- Petit E : Permettre une analyse statistique anonyme des décisions de justice, afin de détecter des écarts de décisions incompréhensibles entre tribunaux ou magistrats. L'harmonisation de la jurisprudence est une exigence d'égalité : il est inadmissible qu'une même faute soit lourdement sanctionnée à Lille et ignorée à Marseille.

- Petit F : En cas de désaccord entre la première et la deuxième instance, créer obligatoirement une troisième instance pour trancher de manière définitive. Si deux collèges de juges arrivent à des conclusions opposées, le doute subsiste. Une instance de départage est la seule réponse logique pour stabiliser la vérité judiciaire.

- Petit G : La modernisation numérique des procédures permettrait de fluidifier les échanges et de gagner en efficacité. Le zéro papier et la dématérialisation ne sont pas que des gains de temps, ce sont des outils de transparence où chaque pièce est tracée et chaque délai contrôlé.

- Petit H : La justice devrait être intégrée dans les programmes scolaires, afin de sensibiliser les jeunes dès le plus jeune âge au fonctionnement et au rôle de la justice dans la société. Un citoyen qui comprend le tribunal est un citoyen qui respecte mieux la loi et qui sait mieux se défendre. L'école doit former des individus juridiquement conscients.

- Petit I : Pour protéger la présomption d'innocence, toute communication publique sur une affaire en cours devrait être interdite, sauf si elle s'appuie sur les enregistrements vidéo officiels des audiences en ligne, afin d'éviter toute mauvaise interprétation susceptible de nuire prématurément aux intérêts du présumé innocent. La justice doit sortir du règne de la fuite organisée et de la rumeur pour revenir au seul terrain du débat contradictoire filmé et authentique.

- Petit J : Tout magistrat en début de carrière devra être associé en binôme, durant les deux premières années pour chaque nouveau poste occupé, afin de limiter les erreurs de jugement. Le compagnonnage est le meilleur rempart contre l'isolement du juge et la précipitation juvénile. L'expérience ne s'apprend pas dans les livres, elle se transmet au contact des dossiers.

- Petit K : Enfin, pour que la justice soit équitable pour tous, toute sanction financière infligée à un citoyen, comme une amende ou une condamnation, doit être proportionnelle à ses revenus. L'amende devrait être calculée en pourcentage, et non fixée à un montant uniforme. Car pour une personne très riche, cette amende n'aura aucun effet dissuasif. L'égalité devant la peine financière est un leurre si le montant est fixe. 135 euros est une fortune pour un étudiant et une poussière pour un rentier. Seule la proportionnalité rend la sanction véritablement punitive pour tous.

3. Garantir l'impartialité des acteurs judiciaires.

- Petit A : Garantir une neutralité absolue des magistrats dans les affaires à dimension politique, en veillant à une réelle indépendance idéologique. Le juge ne doit pas être le bras armé d'une vision du monde, mais le serviteur aveugle de la norme. Son devoir de réserve doit s'accompagner d'une éthique de l'impartialité qui interdit toute interférence entre ses convictions personnelles et ses décisions professionnelles.

- Petit B : Les décisions judiciaires doivent être protégées de l'influence des médias et de l'opinion publique, afin de garantir des débats sereins. Le temps de la justice doit être sanctuarisé contre l'immédiateté des réseaux sociaux et la dictature de l'émotion collective, qui transforment trop souvent le verdict en un acte de communication plutôt qu'en un acte de droit.

- Petit C : Enfin, toute forme de pression politique, économique ou idéologique, susceptibles d'influencer certaines juridictions ou institutions, doit être fermement combattue. L'indépendance de la justice est une lutte de chaque instant contre les réseaux d'influence qui tentent de faire plier la balance en faveur des puissants ou des groupes de pression.

4. Accroître la transparence et restaurer la confiance.

- Petit A : Ouvrir les audiences au public, y compris via la vidéo en ligne sur un canal dédié, afin de sensibiliser les citoyens, renforcer la compréhension du système judiciaire et agir de manière dissuasive contre les dérives. La publicité des débats est la meilleure garantie contre l'arbitraire. Un juge qui se sait observé par le peuple au nom duquel il rend la justice est un juge qui redouble de rigueur.

- Petit B : Les jugements anonymisés devraient être publiés dans une base de données publique, comme Legifrance par exemple, dans un langage clair, en permettant à tout citoyen de consulter des décisions similaires à son cas. L'open data judiciaire permet de démocratiser la jurisprudence et de réduire l'asymétrie d'information entre le justiciable et l'institution.

- Petit C : Créer des organismes indépendants chargés d'évaluer les pratiques judiciaires, les délais de traitement et les disparités entre tribunaux. La justice doit accepter d'être auditée sur sa performance et sa cohérence géographique pour que le droit soit le même, que l'on soit jugé à Paris, Lyon ou dans un petit tribunal rural.

- Petit D : Mettre en place des espaces de dialogue régulier entre citoyens, avocats et magistrats pour améliorer la qualité du service judiciaire. Sortir la justice de son entre-soi corporatiste est indispensable pour qu'elle comprenne les attentes d'une société en mutation permanente.

- Petit E : La création d'une plateforme citoyenne permettant de signaler les lois perçues comme inadaptées ou injustes, favorisant ainsi un véritable dialogue démocratique autour du droit, permettrait aux citoyens de se sentir impliqués plutôt que de se retrouver devant le fait accompli. C'est le passage d'une loi descendante, imposée, à une loi co-construite, où le sentiment d'injustice devient un moteur de réforme législative.

En conclusion, la justice, dans son idéal, incarne l'équité, l'impartialité et la recherche de la vérité. Elle est censée garantir les droits de chacun, protéger les plus vulnérables et sanctionner ceux qui menacent l'ordre commun. Pourtant, à la lumière de nombreux exemples historiques, sociaux et philosophiques, il apparaît que la justice n'est pas toujours à la hauteur de ces ambitions. Elle peut être influencée, biaisée, inégale, voire injuste.

Ce paradoxe réside dans la tension constante entre le droit et la morale, entre la légalité et la légitimité, entre la théorie et sa mise en pratique. Une loi peut être conforme à la règle, tout en étant contraire à l'éthique. Un jugement peut être prononcé dans le respect des procédures, tout en laissant un sentiment d'injustice.

Et c'est précisément dans cet écart que naît le doute. Mais ce doute n'est pas une faiblesse. Il est le moteur nécessaire pour repenser, améliorer et faire évoluer notre système judiciaire. Car la justice n'est pas une vérité figée, mais une construction humaine, perfectible.

À travers la réflexion philosophique, l'engagement citoyen, les débats publics et les réformes concrètes, la justice tend vers davantage d'équité. Ainsi, poser la question, la justice est-elle juste ?, revient à admettre ses limites, sans renoncer à ses promesses. C'est reconnaître qu'elle est à la fois nécessaire et imparfaite, mais surtout qu'elle mérite d'être questionnée pour mieux être défendue. Car une justice véritable ne se contente pas d'appliquer la loi.

Mais avant de finir ce chapitre, il me vient une nouvelle pensée.

Et si, au final, la seule justice vraiment juste, ne pouvait être rendue, que par l'intelligence artificielle ?

Il arrive qu'une même affaire donne lieu à deux décisions opposées, selon qu'elle soit jugée en première instance ou en appel. À verdict différent, une question surgit.

Qui, du premier ou du second juge, a véritablement saisi la vérité ?

Si la justice humaine peut se contredire, si des innocents peuvent être condamnés, si des décisions varient d'un tribunal à un autre, peut-on encore parler d'une justice pleinement juste ?

Faut-il envisager une troisième instance obligatoire en cas de désaccord entre les deux premières ?

Ou faut-il déléguer une partie du pouvoir judiciaire à une intelligence artificielle ?

Les êtres humains ne sont pas parfaits. Chacun agit avec ses qualités, ses limites, mais jamais avec une objectivité absolue. Quelle que soit la profession exercée, ébéniste, chauffeur de bus, plombier, maçon, politicien, secrétaire, instituteur, infirmier, commercial, médecin ou encore magistrat, nul est exempt d'erreurs. Même en faisant preuve de concentration ou en fournissant le maximum d'efforts pour donner le meilleur de nous-mêmes, nous restons imparfaits. C'est le propre de l'Homme.

C'est pourquoi l'intelligence artificielle pourrait avoir un rôle précieux à jouer dans le domaine de la justice. Bien sûr, certains resteront méfiants face aux décisions d'une IA. Pourtant, après des tests concluants et des expérimentations réussies, son usage pourrait progressivement se généraliser.

La question demeure !

La France sera-t-elle pionnière en la matière, ou un autre pays prendra-t-il les devants ?

Entre un algorithme capable d'analyser des millions de données en quelques secondes, et un juge humain potentiellement influencé par la fatigue, les émotions ou un simple mal de tête, la machine pourrait apparaître comme une alternative plus fiable.

L'IA ne connaît ni le biais de confirmation, ni l'usure de fin de journée qui rend les jugements plus sévères avant le déjeuner. Elle traite l'information avec une linéarité mathématique qui exclut les caprices de l'humeur.

Mais l'idéal résiderait dans une collaboration équilibrée !

L'IA apporterait sa neutralité et sa puissance d'analyse, tandis que l'humain veillerait à la justesse finale, en y insufflant l'empathie et les nuances que la technologie ne peut, à ce jour, reproduire.

Grâce à sa capacité à lire des milliers de pages, à comparer des jurisprudences et à évaluer des éléments de preuve avec rigueur, l'intelligence artificielle pourrait contribuer à réduire les biais, les inégalités de traitement et les erreurs judiciaires. Elle offrirait des décisions plus uniformes, plus cohérentes, et surtout, vérifiables.

Cependant, déléguer le jugement à une machine soulève des interrogations majeures !

Comme par exemple, peut-on programmer la compassion ?

L'intention ?

Le doute raisonnable ?

Ou peut-on demander à un algorithme de juger avec humanité ?

L'algorithme traite des probabilités, là où le juge traite des destinées. La machine peut optimiser le droit, mais peut-elle sentir la détresse d'une âme ?

Face à une masse de données souvent très complexe, une intelligence artificielle pourrait traiter les informations avec une efficacité et une rapidité impressionnante. Elle serait capable d'élucider de nombreuses affaires avec un degré d'objectivité inédit, et de rendre des décisions probablement plus justes, proportionnées aux circonstances, et de manière uniforme sur l'ensemble du territoire. Ainsi, l'erreur humaine serait limitée.

Dans ce contexte et pour rester légitimes, ces décisions finales seraient toujours validées et encadrées par un magistrat humain. Car si l'IA peut calculer, seule la conscience humaine peut réellement juger.

Alors, pour finir, les lois sont-elles toujours justes ?

La réponse est NON. Mais ça, nous le savions déjà. Bien qu'elles soient censées garantir l'équité et l'ordre, les lois peuvent parfois se révéler injustes, inadaptées ou discriminatoires. Le monde évolue, la société évolue, et les lois évoluent également en s'adaptant aux nouvelles problématiques qui nous entourent.

Mais alors, si les juges ne font qu'appliquer la loi avec interprétation, qui crée la loi ?

En France, la loi naît d'un processus parlementaire complexe mais fondamentalement humain. Dans un premier temps, c'est le gouvernement qui présente un projet de loi ou les députés qui déposent une proposition.

Les textes sont examinés, débattus, votés, corrigés, parfois contestés, pour être finalement adoptés. Une fois promulguée par le Président de la République, la loi est publiée au Journal Officiel. Au final, cette nouvelle loi sera à la disposition des magistrats, prête à être appliquée.

Ainsi, la justice est le fruit d'un enchaînement de volontés humaines. Elle n'est jamais figée. Elle avance, tâtonne et se remet toujours en question.

Et peut-être qu'un jour, grâce à l'intelligence artificielle, la justice évoluera vers une équité plus constante, sans jamais perdre ce qui fait sa véritable force, l'humanité dans le jugement.

CHAPITRE II

Instruire pour ne pas Punir.

La malhonnêteté touche tout le monde sans distinction. Il n'existe pas d'humain n'ayant jamais commis un jour dans sa vie au moins une bêtise volontairement ou involontairement. Cette faillibilité est une intrinsèque de la nature humaine. De la petite transgression morale à la violation manifeste de la règle sociale, la frontière est souvent plus poreuse qu'on ne l'imagine. Quelle que soit la profession de l'individu, son âge, sa religion ou ses convictions, en passant par un petit ou un gros mensonge, cela a généralement des conséquences sur l'environnement ou sur autrui. Chaque acte malveillant, même minime, agit comme un caillou jeté dans une mare. Les ondes de choc se propagent et viennent perturber l'équilibre de la confiance mutuelle qui soutient le corps social.

L'information que l'on ne dit pas et que l'on aurait dû dire, le service que l'on aurait dû faire et qu'on n'a pas fait, une affirmation sans preuve, une conversation à charge, une petite infraction au code de la route comme un excès de vitesse malencontreux, jusqu'aux plus graves crimes.

Ces comportements forment un spectre continu d'incivilités et de délits qui, mis bout à bout, finissent par créer un climat de suspicion généralisée.

Généralement, les petites affaires font l'objet d'un rappel à la loi. Même si elles vous paraissent importantes, elles sont enregistrées mais n'auront aucune conséquence. Ce rappel à la loi, souvent perçu comme une simple remontrance verbale sans portée réelle, constitue pourtant le premier avertissement de la société envers l'individu qui s'égare.

En revanche, pour les petites infractions, on passe au niveau au-dessus. Souvent, elles sont punies par une sanction financière. Et pour les infractions plus graves, la sévérité de la sanction augmente encore d'un degré.

Pour chacune de ces infractions, il a une histoire différente. Et à travers l'histoire établie, censée être la vérité, la question de la punition idéale se pose.

<u>Pour les infractions légères</u> :
La punition idéale est une punition financière à la hauteur des ressources de l'individu. Cette amende doit bien sûr, être proportionnelle à la catégorie de l'infraction et elle doit être assujettie à une peine plancher minimum qui ne devra jamais être réduite. L'instauration d'un seuil incompressible garantit que la justice ne devienne pas une simple variable d'ajustement ou une taxe dérisoire pour ceux qui ont les moyens de l'ignorer. En plus, cette peine devrait être complétée par un pourcentage additionnel en fonction des revenus ou du chiffre d'affaires du coupable. Et non pas seulement d'une somme d'argent fixe, qui généralement est toujours à l'avantage des personnes les plus aisées. Le système actuel des amendes forfaitaires est une véritable injustice déguisée. Une amende de 135 euros peut priver une famille ouvrière de l'essentiel, alors qu'elle ne représente qu'une fraction de centime pour un haut dirigeant. Seule la taxation proportionnelle au revenu redonne à la sanction son caractère punitif et dissuasif universel.

Pour qu'il n'y ait pas de récidive, la sanction doit également être comprise par le coupable. L'amende ne doit jamais être minorée par le magistrat. Seulement, ce n'est pas toujours suffisant.

Quelquefois, il sera nécessaire d'être encore plus sévère pour les récidivistes. Dans ce cas, pour être véritablement efficace et pour autant de récidives à venir, l'amende devra être systématiquement doublée par rapport à la fois précédente. L'arithmétique de la punition doit être implacable pour briser l'habitude du délit. Car si le coût de l'infraction augmente de manière exponentielle, le calcul coût-bénéfice du délinquant finit par s'effondrer. Par exemple, l'individu qui prend une amende de 1000€, en cas de récidive, l'amende se verra doublée par deux, soit 2000€. Ainsi, le justiciable connaît les risques simples qu'il prend pour éviter une prochaine infraction. S'il continue encore, la sanction sera de 3000€. Et ainsi de suite. Cette progressivité pédagogique place l'individu face à sa propre responsabilité. Et chaque réitération est un choix délibéré de s'appauvrir au profit de la collectivité.

Dans de nombreux cas, il peut arriver que l'indulgence soit utile. Il est vrai que l'humain n'est pas parfait et que selon les circonstances, le droit à l'erreur pourrait être consenti. Cependant, si l'individu recommence, l'indulgence ne pourra plus jamais être appliquée. De lui-même, l'individu a rompu la confiance et cela laisse automatiquement la place à la sanction. Le premier écart peut être un accident de parcours, mais le second est une signature comportementale qui exige une réponse ferme.

Malheureusement, la violence fait de plus en plus partie de notre environnement. Les violences sont de plus en plus graves avec des personnes de plus en plus jeunes. Dans ce cas, la sanction doit être appliquée dès la première infraction. Minorée peut-être, mais sanctionnée quand même. Par principe. Surtout si un tiers a été victime. Et que ce dernier a besoin de sentir que la justice fonctionne contre les faiseurs de troubles.

Ignorer la première violence sous prétexte de la jeunesse du coupable, c'est abandonner la victime à son traumatisme et envoyer un signal d'impunité à l'agresseur. Pour certaines personnes, il faut absolument désamorcer la bombe qui sommeille en eux le plus rapidement possible. Si la justice n'est pas suffisamment sévère, il continuera ses investigations malveillantes pendant des mois, voire des années.

Potentiellement, il montera de gamme et fera des actions bien plus graves. C'est la théorie de la <u>vitre brisée</u> appliquée à la psychologie individuelle. Si la petite délinquance n'est pas stoppée net, elle devient le terreau du grand banditisme. Il prendra de mauvaises habitudes auxquelles il aura du mal à se défaire, jusqu'au jour où il se fera de nouveau attraper.

Le laxisme n'est pas lui rendre service, et ce n'est pas non plus dans l'intérêt des citoyens !

> **Dès le départ, la justice doit appliquer les peines plancher avec l'application du pourcentage additionnel.**

L'amende doit permettre à l'individu de ne plus jamais recommencer. Mais quelquefois, il arrive que certains coupables n'aient pas les ressources nécessaires pour payer leur dette. Volontairement ou involontairement, le coupable devra alors effectuer des travaux d'intérêt général, là où cela sera nécessaire. Le travail pour la communauté devient alors une forme de rachat par l'effort, permettant de transformer une dette financière impayable en une contribution utile à la société.

Seulement, il y a toujours des petits malins qui s'organisent pour être parfaitement insolvables. Ils ont toujours de l'argent sale dans les poches ou sous le matelas, mais ils n'ont jamais d'argent sur un compte ou de bien matériel ou autres à leur nom. Ainsi, il semble que l'escroc ne risque rien.

On ne peut rien lui prendre puisqu'il n'a rien !

Cette organisation de l'insolvabilité est un défi jeté au visage de la justice. Elle transforme la sentence en un papier sans valeur.

« Pour eux, seule la prison est envisageable. »

Car lorsque l'avoir disparaît, il ne reste que l'être et le temps pour payer sa dette à la société.

Mais comment déterminer proportionnellement la véritable durée pour une incarcération ?

En fonction des antécédents, de la gravité de l'infraction, des actes de bienveillance que l'individu a effectués dans sa vie, les magistrats sont les seuls à déterminer la condamnation nécessaire. L'individualisation de la peine doit être un acte d'équilibre délicat, pesant à la fois le mal causé et le potentiel de rédemption de l'individu.

Cependant, il arrive aussi que les condamnations en cours soient réduites. Soit par rapport à la sensibilité du justiciable, de son exemplarité pendant son incarcération, de son état d'esprit et de son évaluation psychologique. Alors, si toutes les cases sont cochées, il n'est peut-être pas indispensable de poursuivre la sanction et une remise en liberté peut être organisée.

La prison ne doit pas être un simple entrepôt d'humains, mais un sas de transformation. Si le travail de prise de conscience est achevé, la prolongation de l'enfermement devient inutile et contre-productive.

Bien sûr, il n'y aura jamais de garantie sur les intentions futures d'une personne qui sort de prison. Cela est toujours un risque. Mais enfermer les gens n'est pas non plus une solution systématique. La justice idéale est celle qui sait quand frapper avec force, mais aussi quand relâcher la pression pour permettre une réinsertion réussie.

<u>Pour les infractions lourdes</u> :

La prison est incontestablement la solution de base sur laquelle repose la punition en fonction du crime, accompagné d'une forte amende adaptée. Cette double peine, à la fois privative de liberté et punitive sur le plan patrimonial, vise à marquer la désapprobation totale de la société face à la rupture du contrat social. Cependant, les riches s'en sortent toujours mieux que les pauvres, qui eux, ne peuvent pas se défendre avec autant de moyens. Dans certains pays, l'Homme fortuné peut verser une très forte somme d'argent à la place des jours de prison qu'il aurait dû faire. Ainsi, l'argent diminue sa culpabilité. Cette monétisation de la peine crée une distorsion éthique insupportable. Elle transforme la sanction pénale en un simple coût d'exploitation.

« Cela devient alors un droit à l'infraction, que seuls les riches peuvent se payer. »

Après un temps de sûreté, le riche peut ainsi réduire son temps d'emprisonnement, en rachetant une partie de sa liberté.

Cette asymétrie de traitement insulte la mémoire des victimes et l'idéal d'égalité, car elle suggère que la liberté a un prix et que ce prix est indexé sur le compte en banque du criminel.

Mais quelle est la valeur d'un humain quand un meurtre est commis ?

Qu'est-ce qui fera que le condamné ne récidive pas et soit suffisamment puni pour imaginer avoir payé sa dette à sa juste valeur aux yeux de la communauté et des victimes ?

Le meurtre est l'irréparable absolu. Face à l'extinction d'une vie, aucune somme d'argent, aucune année de cellule ne semble peser assez lourd dans la balance de la justice.

Comment déterminer la bonne sanction ou la somme d'amende adéquate ?

Qu'advient-il d'un petit voyou de quartier qui tue une personne et qui n'a aucune ressource financière ?

Est-il exonéré de punition financière ?

Que pouvez-vous prendre à quelqu'un, qui n'a rien, si ce n'est sa liberté ?

C'est ici le paradoxe de l'insolvabilité criminelle. Là où le riche achète son temps, le pauvre paie de sa chair et de ses années, sans que la victime ne reçoive jamais la moindre compensation matérielle. Ces questions, les magistrats y sont confrontés quotidiennement. Et en fonction de la sensibilité de chacun, accompagné des arguments d'avocats, suivant la pertinence du dossier, les condamnations ne sont pas toujours les mêmes.

« Si les prisons ne font pas peur, c'est qu'elles ne sont pas efficaces ! »

Effectivement, si une personne n'a pas de ressource, ni de biens matériels ou immobiliers et qu'elle commet un meurtre, on ne pourra jamais rien lui prendre. C'est le triste constat que nous pouvons faire actuellement. L'impunité financière de la délinquance de rue oblige la justice à se rabattre sur la seule variable d'ajustement restante, qui est le temps de vie enfermée.

La prison est le seul lieu adapté pour une punition, quand l'individu est dangereux ou a commis une faute très grave. Faute de mieux, la privation de liberté est la seule solution pour que le condamné ne soit plus en mesure de continuer ses actions de hors-la-loi. Le nombre d'années effectuées en prison est alors proportionnel au crime commis.

Une prison doit être extrêmement sévère pour chacun des condamnés. La sévérité n'est pas une cruauté gratuite, mais une nécessité pédagogique pour que l'écart entre la liberté et l'enfermement soit un choc psychologique inoubliable.

Actuellement, non seulement elles ne le sont pas, mais en plus, les personnes incarcérées sont comme chez elles !

Selon les pays, il y a des prisons gentillettes où de nombreux aménagements sont possibles. Les détenus qui ont un peu d'argent, en attendant leur fin de peine, sont alors dans un petit cocon. Le confort est pratiquement à la carte. Presque aussi bien que dans certains complexes hôteliers. Cette dérive hédoniste du milieu carcéral vide la peine de son sens.

Si la cellule devient un salon, la punition s'évapore.

Ils peuvent se faire livrer des colis, des téléphones pour communiquer avec l'extérieur, quelquefois des armes, surtout de l'alimentaire, de l'alcool, et même des drogues. Les prisonniers sont nombreux à considérer cette période comme une période de repos avec d'autres camarades. Avant de sortir pour mieux recommencer. Pour les individus qui n'ont pas d'ambition constructive, être en prison est comme une récompense. Si pour certains, cela est humiliant d'en parler à l'extérieur et rend difficile leur réinsertion, pour d'autres, cela devient une force. Un pedigree valorisant qui doit servir à impressionner les ennemis. La prison se transforme alors en une académie du crime, où l'on entre délinquant pour en ressortir diplômé de la violence, auréolé d'un prestige souterrain.

Pour qu'une prison soit efficace et qu'elle ne donne plus envie de recommencer, les prisons doivent être organisées de telle manière que les sanctionnés soient véritablement punis de leur crime et qu'ils n'aient véritablement plus l'envie de recommencer.

Personnellement, il me semble que dans une prison, les droits de l'Homme ne me semblent pas raisonnablement applicables.

En créant son crime, le prisonnier perd naturellement ses droits dès lors qu'il n'a pas respecté la loi. Il ne faut pas oublier que le contrat social est un engagement réciproque. Et celui qui en brise les clauses les plus sacrées ne peut exiger la protection de ses avantages. Pour toute la durée de sa condamnation, les règles ne doivent plus être les mêmes qu'à l'extérieur. Chaque justiciable doit en être conscient. Il faut qu'ils comprennent qu'ils ne peuvent pas gagner sur tous les tableaux.

« Généralement, les bonnes choses se méritent. »

Il me semble qu'en prenant le risque de se faire attraper, le justiciable n'a pas d'autres choix que d'accepter les conditions du lieu. Une prison n'est pas seulement un lieu de privation de liberté, elle est aussi un lieu de remise en question et de punition qui doit se réaliser par la soumission. La soumission à la règle carcérale est le premier pas vers la réacceptation de la règle sociale.

L'éducation n'ayant pas porté ses fruits dans la vie de l'individu, vivre enfermé dans un environnement difficile pour une période donnée est un minimum après un crime par exemple. À défaut du bon respect des règles de la société du pays, le passage en prison ne doit pas être l'équivalent d'un centre de repos.

Les prisons efficaces dans le monde sont très diversifiées et le pourcentage de récidives est variable.

> *La prison idéale est celle qui ne donne pas l'envie d'accomplir de nouvelles infractions.*

« Une prison suffisamment sévère fait prendre conscience au sanctionné que la vie est unique, inestimable <u>et de meilleure qualité en respectant les règles de la société</u>. »

<u>La prison qui semble obtenir de meilleurs résultats serait composée de</u> :

- Très petites cellules individuelles sans fenêtre. (Le face-à-face avec soi-même, sans distraction visuelle, est le catalyseur de l'introspection.)
- Lumière constamment allumée.
- Condamner au silence absolu. (Le silence impose le poids de la conscience.)
- Lecture, radio et télé interdite.
- Un repas par jour groupé pour certains détenus dans le silence.
- Un repas par jour individuel pour les plus violents.
- Obligation de marcher la tête baissée en dehors de la cellule. (Une marque symbolique de la rupture avec l'arrogance du crime.)

- Pas de promenade.
- Toilette au lavabo ou à la bassine par cellule.
- Visite possible avec la famille une fois par mois.

Puis avant d'être libéré, le sanctionné devra être évalué par un psychologue spécialisé afin de s'assurer qu'il a bien compris l'obligation absolue du respect des règles de la société. Si le rapport est favorable, le sanctionné devra être réhabilité.

Cela devra se faire en 3 phases :

Phase 1 :

Le prisonnier sera transféré dans une cellule plus spacieuse avec fenêtre et sans éclairage de nuit. Une promenade extérieure tous les quatre jours sera obligatoire par groupe selon le temps préalable d'emprisonnement. La lecture et la radio seront autorisées. Les repas se feront par groupe séparé des autres détenus. Cette phase est celle de la réadaptation sensorielle et intellectuelle.

Phase 2 :

Le prisonnier sera transféré dans une cellule commune (avec maxi, 4 détenus).
Une promenade extérieure tous les deux jours sera obligatoire par groupe selon le temps préalable

d'emprisonnement. Les repas se feront en cellule. Les visites seront autorisées deux fois par mois. Ici, on teste la capacité de l'individu à cohabiter et à respecter autrui dans un espace restreint.

Phase 3 :

Une promenade extérieure tous les deux jours et douches communes sera obligatoire. Les visites seront autorisées chaque semaine. La télévision sera autorisée. Une réunion tous les 3 jours avec un spécialiste de la réinsertion pour chaque détenu sera obligatoire. C'est la phase de préparation active au retour dans la cité, où les droits sont progressivement restitués à mesure que la confiance est reconstruite.

Afin de valider la sortie définitive du prisonnier, les rapports devront être favorables pour une libération. Il pourrait également être suivi de bracelets électroniques.

« Le nombre d'années passées en prison est donc proportionnel au type de prison dans laquelle sera enfermé le prévenu. »

Actuellement, les sanctions prises dans de très nombreux pays ne semblent pas vraiment significatives. Malgré les peines maximales inscrites dans la loi. Ces peines pourtant connues ne font peur à personne. Elles ne sont pas suffisamment dissuasives. La dissuasion ne réside pas dans la longueur de la peine, mais dans sa pénibilité réelle.

Quel que soit le mode d'incarcération, la solution pour un mieux-vivre ensemble, n'est pas d'emprisonner pour seulement punir, mais surtout pour se rapprocher de l'absence de récidive pour tous ceux qui ont osé être hors-la-loi.

Pour qu'un individu ne passe pas à l'acte, la seule méthode qui fonctionnera est d'agir en amont. La prison est le constat d'un échec. Mais l'éducation est la promesse d'une réussite. Agir très tôt dans l'éducation de nos enfants, leur permet de mieux comprendre la valeur des choses et de prendre conscience des risques encourus.

Mais pour que l'éducation remplisse pleinement son rôle, il faut d'abord comprendre que l'intelligence humaine n'est pas uniquement déterminée par la génétique ou l'environnement immédiat.

Et ne nous dites pas que cela n'est pas possible !

Que cela relève de l'utopie… Que, quoi que nous fassions, ce serait techniquement irréalisable parce que le quotient intellectuel de nombreuses personnes, incarcérées ou non, d'ici ou d'ailleurs, ne leur permettrait pas réellement de comprendre ou de s'améliorer.

Car cela est faux !

Sur Internet, nous voyons régulièrement circuler de fausses informations prétendant que les personnes issues de milieu défavorisés auraient le QI (quotient intellectuel) le plus faible du monde.

<u>Ceci est un préjugé totalement faux qui mérite un éclaircissement majeur.</u>

Quelles que soient sa nationalité, son origine, son sexe ou sa couleur de peau, les humains naissent avec des capacités biologiques quasi identiques.

Tous les Hommes sont dotés d'intelligence, sans distinction !

Bien évidemment, si l'intelligence est propre à chacun, elle est stimulée par l'instruction. Celle-ci vient toujours de l'extérieur. Le développement se fait avec plus ou moins de difficultés selon les circonstances environnementales qui, dans les zones défavorisées, peuvent accentuer les troubles spécifiques du langage ou du développement cognitif.

La stimulation provient également de l'éducation parentale. Des parents attentifs et volontaires sont les premiers artisans du développement de leur enfant.

A en croire les statistiques, près de 70% de la population se situent dans une tranche moyenne dont l'indice du quotient intellectuel se trouve entre 85 (moyenne basse) et 115 (moyenne haute).

- Environ 13% auraient une intelligence faible située entre 70 et 85.
- Environ 2% auraient un retard mental situé entre 40 et 70.
- Environ 13% auraient une intelligence supérieure située entre 115 et 130.
- Et environ 2% auraient un haut potentiel intellectuel située entre 130 et 160.

Le tableau ci-dessous précise le QI théorique de l'humain par le barème de Wechsler et de Cattell.

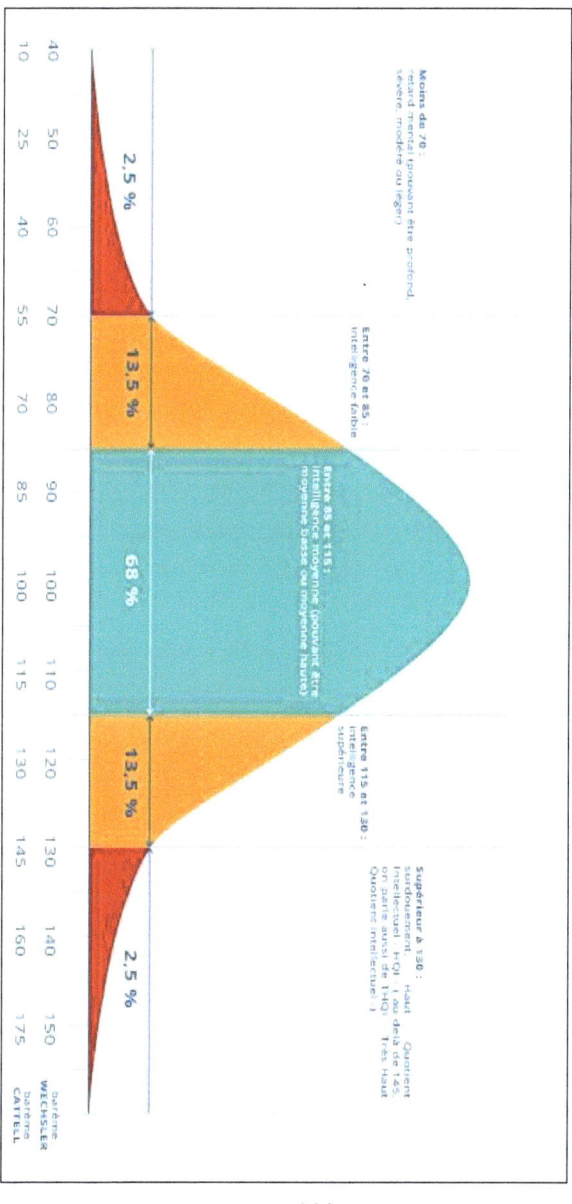

Cependant, il ne faut pas prendre ces statistiques au pied de la lettre. Prendre des mesures, c'est bien. Mais la mesure peut véritablement changer en fonction de l'état d'esprit de l'individu au moment du test, de son humeur ou de son stress.

Le test peut être meilleur pour ceux qui ont déjà effectué ces mêmes exercices ou partiellement habitués pour avoir un bon score. Cependant, chaque être humain est unique et plus ou moins à l'aise dans un domaine plutôt qu'un autre.

Un test de QI ne sert qu'à démontrer l'efficience du cerveau à un instant T !

Il ne garantit pas la réussite. Pour devenir intelligent, il n'y a rien à faire, car nous le sommes tous à quelques petits pourcentages près.

Pour s'instruire, il suffit simplement d'apprendre. Il n'y a globalement aucun être humain significativement supérieur ou inférieur à un autre. Il n'y a que des hommes et des femmes avec des parcours différents, des expériences diverses et la chance d'avoir été, stimulés au cours de leur vie.

Ainsi, comprendre et valoriser l'intelligence de chacun, quelle que soit son origine, est le socle fondamental avant de parler de prévention de la délinquance ou de transmission des valeurs au sein de notre société.

> Parmi nos enfants, que vous le vouliez ou non, il y en a qui basculeront vers le mal et le non-respect des lois.

L'instruction dans nos écoles est la base de tout. À défaut d'une éducation correcte de certains parents, l'école doit garantir la préparation intellectuelle de nos enfants pour éviter les violences futures, ainsi qu'aux mauvaises orientations et à l'irrespect de la loi auxquels ils seront confrontés un jour. L'institution scolaire ne doit pas seulement être un lieu de transmission de savoirs académiques, mais un véritable centre de formation civique où l'on forge la conscience du futur citoyen.

Ce complément d'éducation à certains parents potentiellement déficients est primordial. Cela doit faire partie d'une normalité nationale. Cependant, attention. Je ne parle pas de remplacer l'éducation des parents. Bien évidemment, chaque parent responsable et psychologiquement stable doit naturellement éduquer ses enfants à sa convenance, en fonction du caractère de chacun. Mais dans un monde où la violence est omniprésente, il me semble qu'il est rationnel d'avoir une cohérence d'ensemble qui forme la base commune d'un Français (et c'est valable pour toutes les autres nations dans le monde). Il s'agit de créer un socle de valeurs partagées, une <u>grammaire du comportement</u> qui permette à chaque individu de s'insérer dans la société sans heurts.

Les instituteurs et institutrices devront intégrer cette matière dans leur programme, et cette matière devra être une priorité. Chaque élève devra parfaitement bien maîtriser les valeurs de notre société et du vivre-ensemble. L'histoire des civilisations de notre pays, qui définit notre identité, les différents comportements à avoir en cas de conflits ou litiges, et tout ce qui fait que l'on peut vivre tous ensemble sans violence. Cette science de la vie commune doit devenir aussi fondamentale que les mathématiques ou la lecture, car à quoi bon savoir compter si l'on ne sait pas respecter son prochain ?

Quoi qu'il en soit, pour donner le meilleur de l'instruction, les profs doivent être irréprochables. Ils doivent être passionnés et régulièrement contrôlés par des spécialistes, via une série de questionnements inopinés effectués sur des élèves en contact régulier avec les profs. L'excellence pédagogique ne se décrète pas, elle se vérifie sur le terrain par la qualité du lien humain et la clarté de la transmission.

Pour qu'une société soit parfaitement stable, où la bienveillance doit être la priorité pour éviter toutes les mauvaises actions à venir, il faut mieux cultiver et éduquer vos enfants. Dans le cas contraire, parmi eux, à l'âge adulte, et même avant, il y aura des voyous et malheureusement aussi des criminels.

> L'analphabétisme civique est le premier fournisseur de la population carcérale.

Pour avoir une vue globale de la situation dans notre pays, il est nécessaire d'ouvrir les yeux et d'étendre notre horizon sur les autres pays du monde. Suivant nos problématiques et afin de mieux comprendre les causes, les autres pays sont souvent une source d'inspiration qu'il ne faut pas négliger.

Chaque pays a des règles propres à lui, et chacun s'organise sur les mêmes problématiques. La part d'éducation y est relativement importante. Pour de nombreux pays, l'éducation fait véritablement partie de leur base commune avec plus ou moins une assiduité suivant les moyens qu'ils se donnent.

Si l'éducation constitue le socle commun sur lequel chaque société s'appuie pour prévenir les comportements déviants, elle ne suffit pas toujours à régler tous les conflits. Lorsque les règles sont transgressées, c'est la justice qui entre en jeu pour trancher les litiges et rétablir l'équité.

Les affaires de justice sont en constante augmentation !

Afin de trancher les litiges ou de réparer une injustice, l'institution est régulièrement sollicitée pour des centaines de raisons différentes. Dans chacune d'elles, la justice s'organise pour donner le meilleur d'elle-même, mais trop souvent, le verdict nous semble injuste. Inondée par le flux incessant des dossiers, la magistrature est en sous-effectif chronique. Du coup, les procédures s'étirent indéfiniment, laissant de nombreuses affaires en attente et certains présumés coupables en liberté provisoire le temps d'être jugés. Pour une justice plus équitable, chaque affaire devrait être consciencieusement étudiée au cas par cas. Seulement, avec des centaines de dossiers à gérer par semaine, les magistrats dépriment. Ils deviennent anxieux, inquiets et hantés par la peur de louper une information significative qui pourrait remettre en question la vérité.

Cette augmentation de la charge de travail oblige de plus en plus les magistrats à se contenter d'une synthèse des dossiers pour gagner du temps. Cependant, à défaut de pouvoir lire l'intégralité des documents fournis, un manque d'inattention devient inévitable. Les magistrats sont des hommes et des femmes passionnés, pour qui la justice est une vocation, mais ce n'est malheureusement pas le cas de tous les acteurs de la chaîne judiciaire. Ils devraient être épaulés par de vrais professionnels consciencieux qui n'abusent pas de leur pouvoir. Je parle notamment à de nombreux intervenants qui génèrent des rapports principalement à charge, comme c'est le cas dans le domaine de l'enfance.

Qu'ils exercent dans le secteur public ou privé, certains éducateurs travaillant spécifiquement dans ce domaine créent trop souvent la confusion au sein des familles. Agissant majoritairement à charge, ils n'ont aucun scrupule à manipuler les magistrats. D'ailleurs, leur titre donne l'illusion d'une mission éducative alors qu'en réalité, ils ne font que rapporter des informations confidentielles et privées sans aucun recul critique.

ILS N'ÉDUQUENT ABSOLUMENT RIEN !

Pour beaucoup, leur métier consiste en partie à vous piéger, à feindre la confiance pour obtenir des informations ou des aveux. Et quand ils n'arrivent pas à obtenir un contenu concret à adresser aux magistrats, ils sont capables d'inventer des histoires imaginaires, bâties sur des interprétations de bribes de réalité.

Comment un magistrat, déjà surchargé, pourrait-il juger sereinement avec des rapports mensongers, transformés par des perceptions personnelles ?

Ainsi, certains éducateurs peu scrupuleux ont le pouvoir de transformer des fictions en réalités judiciaires sans jamais avoir à prouver leurs dires.

Nous pourrions également parler de certains experts défaillants ou de rapports de police erronés. La justice ne peut être juste que si les rapports qu'on lui fournit sont rigoureusement exacts. Elle ne doit pas s'entourer de professionnels médiocres ou aux méthodes douteuses, car chaque décision biaisée mène à une injustice qui se répercutera, tôt ou tard, sur la société.

Ce fonctionnement a des conséquences dramatiques pour les familles et les enfants qui croient encore en la justice. Si, dans la majorité des cas, les éducateurs protègent effectivement les mineurs, dans de trop nombreux cas, ils créent des victimes. Parents et enfants développeront alors une colère profonde, voire une volonté de vengeance envers l'institution.

Probablement sans s'en rendre compte, c'est ce que la justice est en train de générer. Un ressentiment nourri par des éducateurs sans scrupule, jubilant à l'idée d'exercer un pouvoir sur des personnes. Pour éviter ces dérives et l'incompétence de certains mandatés, la justice doit impérativement être équipée d'une institution extérieure, neutre et indépendante, afin de contrôler de manière inopinée le travail fourni.

En cas de défaillance, le travailleur social ou l'expert devrait être définitivement radié et interdit d'exercer dans tout autre lieu de justice.

Dans le même temps, pour garantir une justice réactive, le nombre de magistrats doit être augmenté proportionnellement au volume des procédures. Un magistrat ne peut pas juger correctement s'il est réduit à l'état de robot, travaillant à la chaîne, comme dans une usine. « Le nombre de magistrats doit être augmenté, afin de libérer l'espace nécessaire à l'étude des dossiers. »

Aussi, tels des renards furtifs, certains médias se mêlent des procédures et orientent certaines libertés d'expression à charge contre le suspect. Ils scrutent, à l'affût de la moindre information, recherchant fébrilement le scoop du siècle. Le premier à le découvrir aura une prime ou se fera bien remarquer par son patron.

Dans le monde des médias, il existe les professionnels, mais également les amateurs, qui quelquefois, font mieux que des professionnels.

Aujourd'hui, nous sommes finalement tous devenus des journalistes ! À travers certains réseaux sociaux, l'information pullule. Ces réseaux sont des multiplicateurs de liens dans tous les domaines. Une photo ou une vidéo, accompagnée ou pas d'une brève explication, sincère ou enrichie, avec la possibilité d'un envoi instantané. Et voilà, c'est sur la toile. Si l'on n'y prend pas garde, avec ce procédé, les réseaux ont le pouvoir de nous porter bien haut comme celui de nous anéantir en une fraction de seconde.

Sans décision de justice, toutes les rumeurs sont possibles. Si vous n'êtes pas une personne publique, cela ne durera qu'un temps court, voire personne ne s'en apercevra. Mais si vous êtes une personne publique, le temps de votre procédure, (en mois ou en années), vous êtes soumis à toutes les rumeurs ou humiliations du monde. Toutes les personnes sans scrupule vont ajouter des couches de n'importe quoi, et parmi les fans, beaucoup le croiront sans imaginer un seul instant que ces informations sont potentiellement fausses. Vous vous sentirez alors salis, souillés et humiliés, condamnés par le peuple avant même d'être jugés.

La célébrité perdra alors de sa notoriété. Cela aura une influence dévastatrice sur son travail et sur sa vie privée. Il ou elle perdra une partie de son public et certainement beaucoup d'argent.

Et si l'accusateur ou l'accusatrice avait menti ?

Parmi les accusations de viol, il y a des coupables (qui ont véritablement violé), mais il y a également des non-coupables (qui n'ont pas commis l'infraction dont on les accuse).

Mais alors, certains diraient : « Si l'individu n'est pas coupable, pourquoi est-il sur le banc des accusés ? »

Pour un viol ou pour toute autre infraction, il faut des preuves. S'il n'y a pas de preuve, on ne peut accuser personne, même si elle a véritablement commis l'infraction. Mais il arrive aussi que certaines femmes pensent réellement convaincre les juges, s'imaginant que de simples mensonges et témoignages suffiront.

Certaines femmes accusatrices sont de véritables menteuses !

Une personne qui a eu une véritable relation avec un homme et qui, après un certain temps, se ferait larguer. La femme, dans son chagrin, peut alors se sentir humiliée et trahie, avec le sentiment d'avoir été utilisée ou manipulée. Pour certaines d'entre elles, il peut y avoir de la colère, puis du mépris, pour en arriver à la haine et enfin la vengeance. Malheureusement, il existe aussi des hommes et des femmes qui trichent et mentent pour volontairement nuire à une personne et obtenir une indemnité financière. Pour ne citer que la France, chaque année, ces faits de dénonciation mensongère sont en constante progression.

- En 2024, une lycéenne de 16 ans accuse un homme de 26 ans de l'avoir violé, puis avoue avoir menti après 36 heures de garde à vue.
- En 2023, une jeune femme de 27 ans a été placée en garde à vue pour dénonciation mensongère à une autorité judiciaire. Elle a reconnu avoir inventé un viol collectif qu'elle aurait subi.
- En 2022, une femme est condamnée pour dénonciation calomnieuse pour avoir inventé une tentative de viol.
- En 2019, une femme de 28 ans est condamnée pour dénonciation mensongère. Elle avait déclaré avoir été violée par un homme, pour avouer, après plusieurs mois d'audience, qu'elle avait inventé toute cette histoire, juste pour se venger de cet homme suite à un simple malentendu.
- En 2016, une jeune femme de 19 ans a été condamnée pour dénonciation d'un crime imaginaire après avoir détaillé un viol collectif dans un train de banlieue. Cette affirmation n'était qu'un tissu de mensonges.
- En 2014, une femme de 26 ans a affirmé avoir été victime d'un viol en plein jour, filmé au téléphone portable, puis a avoué avoir inventé

de toutes pièces cette agression qu'elle avait grandement contribué à médiatiser.

Chaque année, dans un seul pays, plusieurs dizaines de cas sont enregistrés par la gendarmerie. Des cas infondés sortant de l'imagination de certaines personnes.

Depuis toujours, l'être humain se trouve des raisons d'agir comme il le fait, quitte à mentir délibérément. Le présumé innocent, déjà condamné par le tribunal populaire et prématurément exécuté par l'opinion, se retrouve victime d'une allégation infondée.

Étrangement, lorsque l'innocence est prouvée, l'acharnement social disparaît, sans laisser de place aux regrets. Il n'y a aucune excuse de la part de ces personnes incultes qui l'ont socialement assassiné, laissant les stigmates de leurs accusations sur la toile de manière indélébile. Entre-temps, la personne aura beaucoup perdu et personne ne sera là pour lui rendre sa vie d'avant.

« Si vous avez commis des fautes, il est normal de payer, et la condamnation doit être méritée, sans

indulgence. Mais pas avant d'être jugé. Pas si vous êtes innocent. »

Pour un innocent, le temps de la procédure est toujours une épreuve dévastatrice ainsi que pour son entourage. Et le jour où vous êtes innocenté, il y aura malheureusement toujours un certain nombre de personnes qui ne croiront pas la justice, préférant s'accrocher aux fantasmes qu'ils ont vu ou entendu sur Internet, imaginant que la justice est corrompue ou qu'elle a pris parti.

Les gens n'ont pas le réflexe de la preuve. Ils entendent une information et ils la croient par simple émotion. Puis ils la répètent, créant une réaction en chaîne qui mène quelquefois à des conversations violentes, nourries par de simples rumeurs sans aucun fondement, juste parce que quelqu'un a montré quelque chose qui semblait vrai.

Sauf que c'est faux !

Pour l'épanouissement de l'Homme, toutes ces fausses vérités sont un danger majeur. Le principe de la fausse vérité, c'est d'entendre la même information erronée répétée encore et encore, jusqu'à ce qu'on finisse par l'accepter comme une réalité. On l'appelle également l'effet de vérité illusoire.

L'idéologie se nourrit de ces faux-semblants. Par différents fils conducteurs, la personne finit par être persuadée que les arguments avancés sont vrais, sans jamais avoir consulté la moindre preuve tangible. Quelquefois, ces histoires sont étayées par des vidéos ou des témoignages de spécialistes qui, en réalité, sont des montages. Ces informations mensongères n'ont qu'un seul but. Utiliser la naïveté de certains pour diviser le peuple.

Bien sûr, il y a ceux qui supposent, mais il y a aussi ceux qui affirment, et cela fait toute la différence. Si vous émettez une possibilité, il revient à l'auditeur de juger. Mais celui qui affirme sans preuve devient pleinement responsable de la rumeur qu'il propage. Sur internet, des milliers de sites affirment des histoires rocambolesques simplement pour briller et obtenir des vues. Il faut distinguer les personnes sérieuses qui proposent des hypothèses de travail, de celles qui assènent des mensonges comme des vérités absolues. C'est là que tout se complique.

Comment mettre en évidence un mensonge quand le menteur est doué et sans gêne ?

Cela devient alors une propagande, une guerre silencieuse qui oppose les gens entre eux jusqu'à la violence physique.

Tout cela est une question d'intelligence. Rien ne prouve que ce que l'on voit sur un écran est vrai. À l'heure des voix trafiquées, des images hors contexte et des vidéos truquées, les récits deviennent extrêmement réalistes. Peu importe qui peut se tromper. Quand vous comprenez le concept de la rumeur, vous comprenez que sans preuve, on ne peut rien affirmer. On peut avoir des convictions, mais par honnêteté intellectuelle, on ne doit jamais présenter une croyance comme une certitude à son interlocuteur.

La propagande est une action exercée sur l'opinion pour l'amener à appuyer certaines idées. Pour éviter la prolifération de ces sites, il faut un gendarme, un inspecteur capable de vérifier la dangerosité des contenus. Si un site diffuse une continuité de fausses informations, il doit être fermé temporairement, le temps que le propriétaire retravaille sa configuration ou ses propos.

En France, il existe la Direction Départementale de la Protection des Populations

(DDPP), chargée d'assurer la sécurité des consommateurs et la loyauté des relations commerciales. Mais en 2024, elle n'a pas encore vocation à rechercher les propagandes ou les influenceurs malveillants. Il n'existe donc aucun organisme de contrôle pour ces sites mettant en évidence de fausses vérités.

La société se porterait beaucoup mieux si elle n'était pas polluée par cette désinformation numérique. Si cette pollution n'est pas supprimée, la bienveillance risque de disparaître au profit de l'appauvrissement éducatif. Cette ignorance globale finira par armer le bras d'un idiot qui, un jour, commettra un attentat ou organisera un soulèvement sur la base d'une vérité imaginaire.

Même si la justice française n'est pas parfaite, elle s'améliore. On peut critiquer les lois du Sénat, mais la justice, elle, fait appliquer ce qu'elle a à sa disposition. Un point très positif a d'ailleurs été mis en application. La Médiation. Il est regrettable qu'elle ne soit pas encore un réflexe.

Le Français est un révolutionnaire, et quand deux personnes sont en conflit, chacune est persuadée d'avoir raison. Pourtant, lors des discussions, on s'aperçoit souvent que le récit initial ne reflète pas la réalité. Trop de gens préfèrent partir en justice, pensant gagner, alors que seule la preuve compte. Si la vérité est difficile à prouver, n'imaginez pas gagner sur de simples histoires bien ficelées par votre avocat. La seule manière d'éviter de perdre des plumes est de parvenir à une entente par la Médiation. Elle n'est pas la justice, et elle ne cherche pas les torts. Elle crée simplement l'environnement idéal pour faciliter la communication et trouver un accord.

Si l'Homme est suffisamment courageux pour faire évoluer la justice, avec quelques règles simples, LA VIOLENCE DIMINUERA.

Mais quelle est la meilleure éducation sociale dans le monde ?

Il y a plusieurs formes d'éducation. Il y a l'éducation scolaire, l'éducation parentale, mais il y a aussi l'éducation sociale pour chaque pays dans le monde, composée de multiples lois et de coutumes différentes. Le problème est que chacun des pays croit que son mode de vie est meilleur que celui de son voisin. Derrière le mode de vie, ce sont les règles et les lois qu'il faut respecter sous peine de sanctions. Chacun doit s'y conformer. La loi est le vêtement de la culture d'un peuple. On ne peut l'ignorer sans se mettre à nu face à la sanction.

Si nous étions capables de lire dans les pensées des uns et des autres pour connaître leurs intentions, nous n'aurions pas besoin d'autant de règles et de lois pour nous protéger. Mais ce n'est pas le cas, et chaque pays tente de trouver la meilleure formule en fonction des évènements qui se produisent sur son territoire.

Quelles que soient les critiques que l'on peut entendre sur la Chine, vu leur discipline malgré leur grand nombre, elle est peut-être un modèle de réussite, ou tout au moins pourrait-on s'en inspirer pour améliorer nos conditions de vie et de sécurité avant que cela n'empire !

Chaque pays doit composer avec ses contraintes personnelles. Pour la Chine, c'est le nombre. Ils sont 1,400 milliard. Ce pays est fascinant. Ils ont réalisé des prouesses technologiques extraordinaires. Sur la construction d'édifices gigantesques, sur les avancées spatiales, sur l'informatique, ainsi que sur la recherche scientifique relative à la santé. Ils performent dans tous les secteurs.

Pourtant, beaucoup les critiquent. Tantôt c'est sur les droits de l'Homme, tantôt sur la dictature du dirigeant, tantôt sur le contrôle soutenu des touristes. Ils ont des règles qui sont propres à eux, et ils s'en accommodent très bien depuis de nombreuses années. Leur système repose sur une vision collective où l'intérêt du groupe prime sur les caprices de l'individu, une logique de masse indispensable pour gérer une telle densité humaine, que nous avons du mal à comprendre.

Comme de partout ailleurs, c'est dans les capitales que la population est la plus dense, là où il y a le plus de business. Pour éviter une augmentation significative de la violence, des règles ont été instaurées. Ce sont des règles restrictives, comme un permis à points. Globalement, si tu respectes les règles, tu es un bon citoyen et tu vis normalement. Mais si tu ne les respectes pas, suivant l'importance de l'infraction, des points te seront enlevés. Ce système transforme la citoyenneté en un capital que l'on doit entretenir par ses actes.

Dans la vie quotidienne, nous acceptons déjà l'idée que certains lieux exigent des règles d'accès. Pour entrer dans un commerce, un immeuble ou un espace privé, il est parfois nécessaire de s'identifier.

Le commerçant ou le propriétaire reste libre d'imposer cette sécurité ou non, et cela ne choque personne.

« On dit souvent que la liberté de l'Homme consiste à aller où il veut, comme il veut. »

Oui… et non !

Car la liberté n'est jamais absolue. Vous ne pouvez pas entrer chez quelqu'un sans y être invité, ni refuser les règles qu'il impose chez lui. Chaque espace a ses conditions, et chacun est tenu de les respecter.

Dès lors, une question se pose naturellement : si une personne commet à plusieurs reprises des infractions, pourquoi devrait-elle conserver les mêmes facilités d'accès que ceux qui respectent les règles communes ?

Si toi, tu traverses la route en passant par le passage piéton, tu n'auras pas de problème. Si tu respectes les limitations de vitesse, tu es un bon citoyen. Quand tu mets ta ceinture, tu es toujours un bon citoyen. Et si tu respectes les règles, tu n'auras pas de restriction dans ta propre vie. Tu auras accès à tout, puisque tu ne seras impliqué dans aucune infraction. En respectant les règles, le citoyen va partout. Il n'a aucune restriction. Tu as le droit de partir en vacances sans contrainte, tu as le droit d'aller au cinéma, etc. La liberté n'est pas l'absence de règles, mais la jouissance sereine des droits accordés par le respect de ces règles.

Mais, celui qui ne respecte pas les règles, qui a cambriolé une épicerie, celui qui a brûlé ou volé une voiture, qui a violenté une personne âgée, qui ne marche pas dans les passages piétons, qui dépasse les limitations de vitesse, qui ne met pas de ceinture ou qui brûle un feu rouge, entre autres, pourquoi lui aurait-il les mêmes droits que les autres ?

Pourquoi ?

Il n'y a pas de raison. Il est moralement juste que celui qui nuit à la collectivité voit son accès à cette même collectivité restreint. C'est normal qu'il soit sanctionné à cause d'une ou plusieurs mauvaises actions. La justice est ici un miroir. Elle vous rend exactement ce que vous avez semé par votre comportement social.

Ce système a pour but de surveiller, d'évaluer et de réguler le comportement financier, social, moral et éventuellement politique des citoyens Chinois, ainsi que des entreprises du pays, par le biais d'un système de sanctions et de récompenses. L'objectif déclaré est d'accorder des récompenses et d'offrir des avantages aux personnes dignes de confiance. Le gouvernement Chinois considère ce système comme un outil important pour orienter l'économie et gouverner correctement la société Chinoise.

Le système parfait n'existe malheureusement pas. Mais à défaut d'une éducation convenable et garantie à tous nos enfants, l'humain n'étant pas infaillible, et à défaut de meilleure méthode, c'est celle qui semble apporter le plus de garanties de stabilité dans l'environnement social.

Les détails du graphique ci-contre, sont basés sur des prévisions pilotées par des experts.

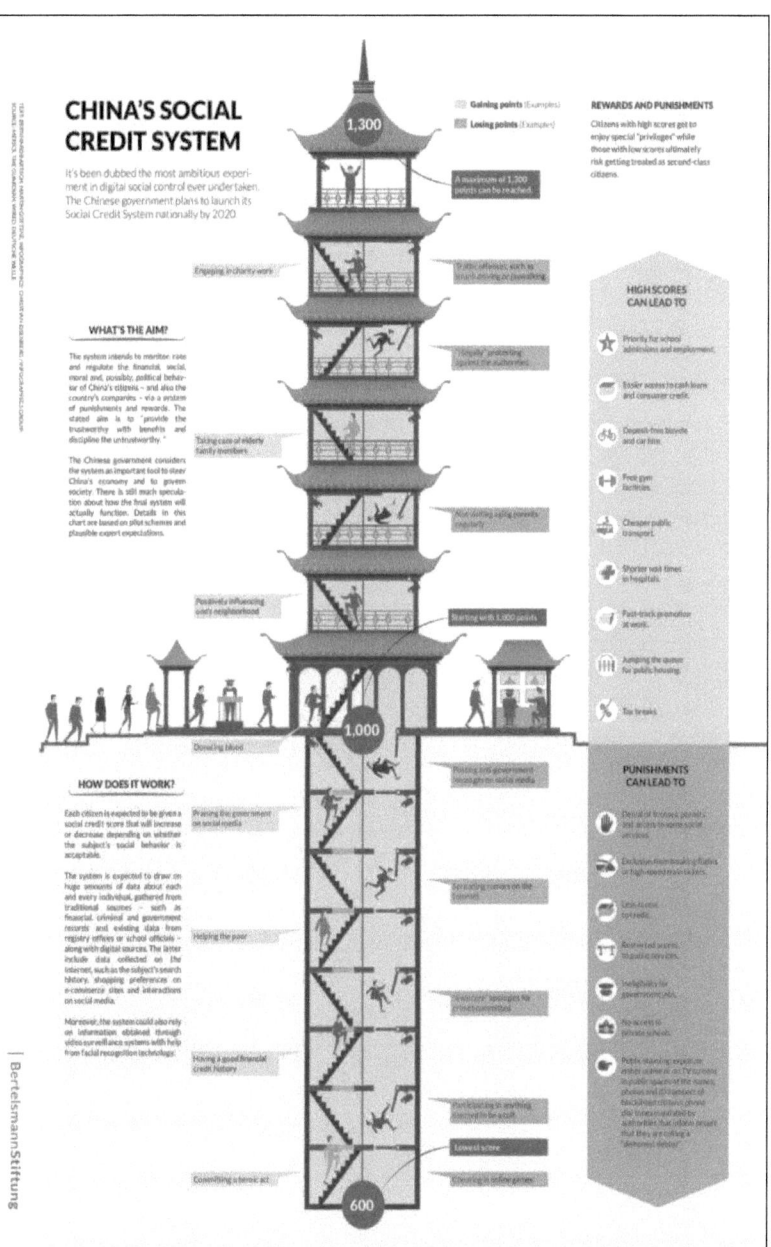

Il est évident que certaines données concernant le citoyen seront inscrites dans une base de données spécifiquement dédiée à ce système. Cependant, face au risque de recrudescence des violences et des incivilités, les sociétés auront-elles véritablement le choix ?

<u>Les données enregistrées de chaque citoyen sont</u> :

- Les dossiers financiers,
- Les dossiers criminels,
- Les dossiers d'état civil,
- Les dossiers scolaires,
- L'historique des recherches du sujet sur internet,
- Les préférences d'achat du sujet et quel site de commerce électronique il utilise,
- Les interactions du sujet sur les réseaux sociaux,
- La possible utilisation de la reconnaissance faciale par la vidéosurveillance.

Les points positifs reçus, sont assujettis aux actions de :

- Rembourser convenablement ses crédits fonciers
- Aider les pauvres
- Faire l'éloge du gouvernement sur les réseaux sociaux
- Donner du sang pour les besoins hospitaliers
- Avoir un comportement positif dans son quartier
- Prendre soin des personnes âgées de sa famille
- S'engager dans des œuvres caritatives

Les points négatifs reçus, sont assujettis aux actions de :

- Tricher dans les jeux en ligne
- Participer à des rassemblements sectaires
- Absence d'excuse pour des fautes commises
- Répandre des rumeurs sur internet
- Publier des messages anti-gouvernement sur les réseaux sociaux
- Ne pas rendre régulièrement visite à ses parents

- Généré des manifestations illégales contre les autorités
- Faire des infractions au code de la route

<u>Les punitions peuvent conduire à</u> :

- Refus de licences, de permis et d'accès à certains services sociaux.
- Exclusion de la réservation de billets d'avion ou de train à grande vitesse
- Moins de possibilités de faire des crédits
- Accès restreint aux services publics.
- Inéligibilité aux emplois gouvernementaux
- Pas d'accès aux écoles privées

<u>Un résultat extrêmement négatif conduira à</u> :

- Une exposition en ligne ou sur les écrans de télévision
- L'affichage des noms dans les espaces publics
- La photo des sujets et les numéros d'identification seront inscrits sur une liste noire

- Un message sera envoyé aux appelants téléphoniques, les informants qu'ils appellent une personne malhonnête.

Les sores élevés peuvent conduire à :

- Avoir des allégements fiscaux
- Être prioritaire pour obtenir un logement social
- Une promotion accélérée dans son emploi
- Des temps d'attente plus courts dans les hôpitaux
- Des transports publics moins chers
- Des accès aux salles de sport gratuite
- Avoir une location de vélos et de voitures sans caution
- Être prioritaire pour une admission à une école et/ou à un emploi

Le système chinois est, en substance, un mécanisme de crédit social fonctionnant par l'attribution de points, qui récompense ou pénalise les comportements. À force d'en perdre, un individu peut se voir interdire l'accès à certaines activités, comme aller au cinéma. Selon le nombre d'infractions commises, il peut aussi être empêché de prendre l'avion ou devoir payer plus cher. Il peut également perdre l'accès au crédit pour acheter une maison ou créer un commerce, ou n'y accéder qu'à des conditions beaucoup plus strictes. Dans une logique purement fonctionnelle, ce système vise à maintenir l'ordre dans une société extrêmement peuplée.

Avec 1,4 milliard d'habitants, même sur un territoire vaste, éviter les conflits majeurs impose d'imaginer un modèle stable, équitable et durable. Dans ce contexte, le crédit social apparaît pour les autorités comme un outil de régulation collective. Apparemment, les Chinois semblent s'y être accoutumés.

Alors, s'ils l'ont fait, pourquoi ne serions-nous pas capables d'en faire autant et de l'adapter à nos structures, selon nos nécessités ?

La question mérite d'être posée, même si les contextes culturels et politiques diffèrent profondément.

Il est vrai que pour faire admettre à un Européen l'enregistrement de ses données privées, la tâche serait délicate.

Mais faut-il toujours attendre des agressions ou des crises majeures pour agir ?

Ne serait-il pas plus judicieux d'anticiper les risques ?

Nous pourrions déjà envisager un concept à la Française, plus mesuré et respectueux des libertés individuelles. Un système d'enregistrement informatique visant à pénaliser les comportements réellement nuisibles, tout en évitant de pénétrer excessivement dans la vie privée.

Si un tel système devait être installé en Europe, les institutions chargées d'ajouter ou de retirer des points devraient être parfaitement neutres, transparentes et indépendantes du pouvoir politique.

Serait-ce une entreprise privée ?

Un service interne de l'État ?

Un tribunal ?

La question de la gouvernance serait centrale pour éviter toute dérive autoritaire.

Il faudrait absolument éviter une position de domination de l'État sur les citoyens, ainsi que l'angoisse d'être manipulé pour ses opinions politiques. Un tel système ne devrait en aucun cas influencer les décisions de vote, ni sanctionner l'expression d'un mécontentement légitime face aux actions publiques.

Dans nos sociétés moins peuplées, certains citoyens rejettent ce concept. Souvent, ils n'en analysent que l'aspect restrictif, sans considérer l'objectif de sécurité collective qu'il prétend servir. Pourtant, si chacun respectait les règles, il n'y aurait ni accidents, ni violences, ni vols.

Mais la réalité est différente. Alors, quelle est la bonne règle ?

Il faut d'abord s'adapter à la densité de population selon les zones géographiques. Ainsi, un système de points pourrait être moins restrictif dans les campagnes et plus strict dans les grandes villes, où les interactions humaines sont plus nombreuses et les risques plus élevés.

Évidemment, en cas de crime ou d'infraction grave, la justice traditionnelle devrait rester pleinement impliquée, afin de mener le procès nécessaire et de déterminer la sanction appropriée. Le système de points ne pourrait en aucun cas remplacer la justice pénale.

Un tel dispositif constituerait une forme d'auto-éducation sociale. En voyant leurs parents respecter ces règles, les enfants intégreraient progressivement ces comportements. Sur seulement quelques décennies, cette logique pourrait contribuer à réduire naturellement la violence, en façonnant un esprit collectif plus responsable.

Les règles devraient-elles être identiques dans les zones urbaines et rurales ?

Probablement pas. Dans les campagnes, les risques d'accidents ou de conflits sont moindres. Il serait donc cohérent d'y appliquer des règles plus souples, adaptées au contexte local.

Ces principes pourraient être harmonisés à l'échelle internationale, afin d'établir des règles communes dans les zones densément peuplées. Les zones citadines pourraient être classées selon leur densité au mètre carré, tandis que les zones moins peuplées bénéficieraient de normes plus flexibles.

Le système chinois, lui, est largement généralisé et repose principalement sur l'installation de caméras et sur le retrait de points après condamnation. Toutefois, dans les campagnes, l'absence de dispositifs de surveillance réduit fortement son application. On observe ainsi, de fait, deux modes de fonctionnement distincts. Un modèle strict dans les zones urbaines et un modèle plus souple dans les zones rurales.

Comment certains meurtriers, violeurs, voleurs ou escrocs, imaginent-ils encore passer entre les mailles de la justice ?

Les films ou les séries télévisées diffusés sur les plateformes de streaming y sont peut-être pour quelque chose. Ces fictions mettent de plus en plus en scène des escrocs, du sang et des actes de violence, souvent présentés sous un angle spectaculaire ou émotionnel. Bien souvent, l'acteur ou l'actrice principale dans l'histoire, agit selon sa propre loi, dans une logique de vengeance ou de justice personnelle, ce qui peut donner l'illusion que ces comportements sont légitimes ou efficaces.

Or, ces récits ne reflètent pas la réalité. Pourtant, de nombreux jeunes, et même des adultes, s'identifient à ces personnages. Comme les héros de fiction, ils veulent devenir le centre de leur propre histoire, attirer l'attention et exister par des actes extraordinaires. Si personne ne les guide ou ne les moralise suffisamment tôt, certains développent un sentiment de puissance et de normalité face à des comportements déviants, comme s'ils étaient invulnérables, à l'image de super-héros.

Ils cherchent alors à obtenir des résultats faciles sans travailler. Cela peut fonctionner un temps, mais arrive tôt ou tard le premier casier judiciaire.

Le problème est qu'ils ont déjà goûté à la facilité. Plutôt que de revenir vers une vie normale, ils tentent encore de déjouer la loi, d'abord par de petits trafics, puis par des activités plus importantes, jusqu'au moment inévitable de l'arrestation.

Cependant, le mal est souvent déjà fait. Selon les circonstances, des événements irréversibles se produisent, et des familles qui n'ont rien demandé pleurent leurs morts. Il suffirait pourtant parfois d'une règle simple pour réduire une partie de ces dérives, sans violence et presque sans que l'on s'en rende compte.

Depuis toujours, l'être humain compartimente ce qui l'entoure afin de mieux s'organiser, y compris ses semblables. Par l'isolement naturel des continents et des tribus, les peuples se sont adaptés physiquement à leur environnement. C'est ainsi que sont apparues les différentes morphologies et couleurs de peau que nous observons aujourd'hui.

Ces différences physiques créent parfois des groupes et des clans. Malheureusement, elles engendrent aussi des peurs et des réticences, allant parfois jusqu'aux conflits et aux guerres. La différence continue de susciter la méfiance, et cela reste, avant tout, une question d'éducation.

Les jeunes sont des éponges qui absorbent tout, dans le bien comme dans le mal. Selon l'orientation donnée par les gouvernements et l'environnement social, nos enfants grandissent dans un climat où la violence peut sembler normale. On la retrouve sur les réseaux sociaux, dans les séries et dans les films. À force d'y être exposé, l'individu finit par banaliser cette violence, qui devient alors naturelle.

Comme nous le savons, les adolescents se sentent souvent invincibles. Leur discernement n'est pas celui d'un adulte. Ils agissent spontanément, sans toujours réfléchir, et c'est l'un des problèmes majeurs. Le moindre regard de travers ou reproche peut froisser leur susceptibilité. Dès lors, certains deviennent extrêmement agressifs, parfois même envers les forces de l'ordre ou leurs enseignants. Leur instinct primitif prend le dessus, et la violence s'installe.

En réalité, il ne suffirait pas de grand-chose pour améliorer leur vision du monde. Pour inverser cette tendance, l'éducation reste la base. Même si elle commence dans l'enfance, une rééducation à l'âge adulte reste possible.

Si les parents portent une responsabilité directe, les gouvernements ont eux aussi leur part de responsabilité. Ils pourraient mettre en place des mesures simples et efficaces. Nos dirigeants peuvent voter des lois pour améliorer la sécurité, notamment en régulant les contenus violents diffusés dans les séries, les films et sur les réseaux sociaux.

Heureusement, il existe aussi des œuvres mettant en avant l'amour, les sentiments, la tendresse et les émotions sans violence ni guerre. Cela prouve que l'audiovisuel peut aussi être un outil d'éducation positive.

« *Et là, vous comprenez encore que tout passe par l'éducation.* »

L'être humain est naturellement attiré par l'extraordinaire. Il ne se contente pas toujours de la normalité. Les médias l'ont bien compris et se focalisent sur ce qui sort de l'ordinaire. S'il n'y a pas de catastrophe, ils rediffusent les mêmes nouvelles en boucle jusqu'à la suivante. Cette fascination pour le pire finit par créer des habitudes mentales négatives.

De la même manière, si personne ne régule les jeunes, certains deviennent violents. Pour eux, la violence fait partie du quotidien. Ne connaissant pas encore la réalité de la vie, certains pourraient même ôter la vie à autrui pour une banalité. Chez certains, la vie humaine perd alors toute valeur.

Ces enfants ne sont pas des adultes. Leur discernement est différent. C'est pour cela qu'une régulation de l'univers audiovisuel peut être utile. Avec un minimum d'organisation et de volonté politique, cette tendance pourrait être inversée.

Partout sur Terre, nous avons sensiblement les mêmes besoins : aimer et être aimés, dans notre environnement proche comme lointain.

Lors de mon premier voyage au Canada, dans la région de Québec, j'ai été surpris d'entendre majoritairement de la musique française à la radio. En y regardant de plus près, j'ai découvert qu'une loi y encourage la diffusion de musique francophone, avec un quota d'environ 65 %. Conclusion, lorsqu'une volonté collective s'exprime de manière cohérente et pacifique, elle peut orienter une société dans une direction bénéfique. Par cette influence douce, une population peut être éduquée progressivement. Si un danger menace le développement mental des enfants, une régulation audiovisuelle peut devenir indispensable, surtout lorsque l'éducation familiale fait défaut.

Nos enfants peuvent, à tout moment, devenir les victimes d'un autre enfant, lui-même influencé par des années d'images violentes. Dans cette logique, une régulation raisonnable ne serait pas une contrainte, mais une protection.

Comme au Canada pour la musique, nous pourrions envisager une proportion similaire pour les images : 35 % de contenus violents, et 65 % pour des contenus plus positifs.

En France, la violence augmente régulièrement. Il suffit de comparer le nombre de morts d'une année à l'autre. Depuis 1539, grâce à François Ier, l'état civil permet de recenser les naissances et les décès. Avec le temps, ces méthodes se sont perfectionnées, permettant d'identifier précisément les causes de la mort. Depuis une dizaine d'années, les chiffres augmentent dans plusieurs catégories, et l'année 2023 apparaît comme l'une des plus violentes jamais enregistrées dans les statistiques criminelles françaises. Et elle ne diminue pas.

    La violence est souvent le signe d'une faiblesse face à un problème que l'on ne parvient pas à résoudre seul. Contre soi-même, elle peut être un acte de désespoir, un appel au secours qui nécessite un accompagnement et un travail personnel.

    Envers autrui, la violence prend plusieurs formes. Elle résulte souvent d'une fragilité mentale ou psychologique, et s'exerce généralement lorsque l'agresseur possède un ascendant physique ou psychologique sur sa victime.

    La violence physique laisse des traces visibles. Elle peut être prouvée, surtout en présence de témoins. Mais la violence psychologique, elle, est invisible et souvent plus destructrice. La victime peut se retrouver enfermée, isolée ou soumise mentalement, devenant l'esclave d'un manipulateur dont l'unique intérêt est son propre ego.

Ce sont souvent les femmes qui en subissent les conséquences. Les différences morphologiques font que, dans bien des cas, les hommes prennent le dessus, et les gestes violents deviennent une norme dans certains foyers.

La violence passe aussi par la privation de liberté. Sous divers prétextes, certaines femmes se retrouvent cloîtrées chez elles. Par amour, par peur, par manque de moyens financiers, par pression religieuse ou par isolement familial, elles acceptent parfois ces situations. Souvent, ce sacrifice est fait pour protéger leurs enfants, au prix de souffrances silencieuses.

Au-delà de l'aspect psychologique, la violence est souvent le fruit d'un manque d'éducation. Si les parents avaient transmis des valeurs solides et un amour constant, il y aurait probablement moins de violence dans le monde. L'éducation est une arme donnée à l'enfant pour une vie épanouie.

> **Une arme, non pas pour faire du mal, mais pour s'en protéger.**

La violence peut aussi être institutionnalisée. Dans certains pays, sous couvert d'interprétations religieuses, cela met en évidence des États qui peinent à évoluer, prisonniers de structures mentales héritées d'un autre temps.

En Afghanistan, les autorités talibanes ont progressivement exclu les femmes de la vie publique. Interdiction d'étudier au-delà du primaire, limitation drastique du travail, accès interdit aux parcs et aux salles de sport, obligation d'être accompagnées par un homme pour se déplacer, et même interdiction de parler ou de chanter en public dans certaines règles récentes.

En Iran, le port du voile reste obligatoire et toute contestation peut entraîner arrestations, flagellations ou lourdes peines. Des militantes, journalistes ou artistes sont régulièrement poursuivies pour avoir dénoncé ces lois ou simplement pour être apparues en public sans le hijab imposé.

En Irak, une réforme de la famille permet, selon certaines interprétations religieuses, la légalisation du mariage d'enfants et réduit les droits des femmes en matière de divorce, de garde ou d'autonomie personnelle.

Dans ces contextes, la loi devient un outil de contrôle du corps et de la liberté des femmes, transformant des inégalités sociales en règles officielles. Ce n'est malheureusement pas des cas isolés. Depuis longtemps, des femmes sont enfermées, humiliées ou punies pour avoir voulu disposer de leur corps. Cette réalité traverse les époques et les frontières.

Dans le boudoir du Marquis de Sade, Madame de Saint Ange a écrit : « *Ton corps est à toi et à toi seul. Il n'y a que toi seule au monde qui est le droit d'en jouir et d'en faire jouir qui bon te semble.* »

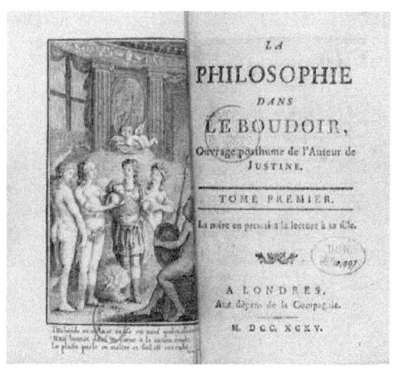

Être fière de son corps n'est pas une honte. Et quand l'on remarque une femme qui ose lever la tête dans des circonstances dictatoriales, nous pouvons aussi penser à :

- Christine de Pizan, née à Venise en 1364, était considérée comme la première intellectuelle féministe de l'EUROPE moderne. Son père était un médecin et un astronome réputé à l'Université

 de Bologne. Elle lui rendit hommage au rôle qu'il a joué dans son éducation pour l'avoir ouverte aux savoirs pourtant réservés exclusivement aux hommes. Mariée à l'âge de 15 ans et mère de 3 enfants, la mort de son père, puis celle de son mari, la plongea dans une situation matérielle difficile. Mais plutôt que de chercher un nouvel époux, Christine assuma son statut de veuve. En cultivant les relations que sa famille avait nouées antérieurement avec des nobles, elle se fit une place dans le monde des courtisans, des écrivains et des savants. C'est grâce à ce public choisi qu'elle est devenu la première femme écrivaine de langue française ayant conquis le statut d'homme de lettres.

- Hoda Shaarawi militante égyptienne, en opposition à la présence britannique en Égypte.  Qui après un voyage à Genève pour assister un congrès féministe en 1923, revient et lève son voile sur le quai de la gare du Caire. En cet instant, toutes les femmes présentent l'ont vu. Et dans la même dynamique, elles l'ont également enlevée. Hoda ne remettra plus jamais le voile. Le féminisme Égyptien sera né.

- Colette, une femme comme tant d'autres, fut  exploitée par son mari. Quand elle eut la possibilité de divorcer en 1905, pour montrer à tous son indépendance, elle osa s'exposer nu sur scène. Et jusqu'à son décès, elle s'évertua à demeurer libre et sans honte.

- Hassiba Boulmerka, championne olympique de  course à pied à Tokyo en 1991, fut condamnée à mort par les Islamistes de son propre pays pour avoir couru en short. Elle réussit à revenir en Europe, elle arrive à poursuivre ses entrainements, et en 1992 aux JO de Barcelone, elle gagne la première médaille d'Or Algérienne.

- Aliaa Magda Elmahdy, étudiante Égyptienne, poste une photo d'elle nu en 2011 avec un message disant : « J'ai un corps et il m'appartient. Ce corps n'est le lieu de l'honneur de personne, ni l'objet du désir de qui je ne choisis pas. »

- Mona Heltahawy, écrivaine du livre (Foulards et Hymens) en 2015, elle écrit : « À toutes les filles du Moyen-Orient et d'Afrique du Nord, soyez impudiques, soyez rebelles, désobéissez et sachez que vous méritez d'être libre. »

Et tant d'autres, venues d'époques et de cultures différentes, mais unies par la même volonté d'exister librement.

Il existe des femmes enfermées, lapidées, violées ou brisées. Mais elles restent debout, solidaires et déterminées. Malgré les souffrances, elles continuent d'œuvrer pour l'équité, l'amour et la dignité.

Le voile, quel qu'il soit, ne devrait jamais être le symbole d'une honte d'être une femme. Il n'y a aucune raison d'avoir honte de son corps ni de son existence.

Il sera impossible d'éradiquer toute violence en un instant. Mais si les dirigeants du monde s'accordaient déjà sur le principe fondamental de l'égalité entre les hommes et les femmes, les tensions diminueraient. La violence est une faiblesse que l'on peut largement réduire par l'éducation et la justice.

(Voir sur le sujet, le Tome 1 : Liberté, surpopulation et décadence 2020-2120, ainsi que le Tome 4 : Des règles pour un monde meilleur.)

Aussi, il existera toujours une minorité de récalcitrants, persuadés de ne jamais se faire attraper. Quel que soit l'infraction commise. Mais tôt ou tard, ils le seront. Ce n'est qu'une question de temps.

« TOUT SE SAIT, TÔT OU TARD. »

Aujourd'hui, demain, dans six mois, un an ou trente ans, ils finiront par être arrêtés. « ILS SONT SIMPLEMENT EN SURSIS. » Avec le croisement des données fiscales, sociales, médicales ou professionnelles, les contrôles deviennent de plus en plus réguliers et sophistiqués.

Les informations se recoupent aussi à travers les achats, les retraits bancaires, la géolocalisation téléphonique, les déplacements sur autoroute, les caméras de surveillance ou les vidéos embarquées. Le niveau de traçabilité n'a jamais été aussi élevé.

Les relevés ADN, les empreintes ou l'utilisation de chiens spécialisés sont autant d'outils pour retrouver les criminels.

> **Comment être aussi idiots et naïfs pour croire qu'ils ne se feront pas attraper un jour ?**

Je le répète : Tout se sait tôt ou tard !

« Et pour ceux qui croient en une justice divine, ils seront surpris de leur devenir après la mort. »

Si un truand recherche l'argent facile, il doit comprendre que seule l'ambition et le travail continu permettent d'en gagner durablement. L'illusion de la facilité mène presque toujours à la chute. Beaucoup rêvent de richesse, mais l'argent, à lui seul, ne rend pas heureux.

« Aujourd'hui, risquer la prison, c'est vouloir y entrer. »

CHAPITRE III.

Les Fondations d'une Paix Durable.

La paix est souvent présentée comme un état naturel, un objectif évident vers lequel toutes les sociétés devraient tendre. Pourtant, l'histoire humaine démontre exactement l'inverse. La paix n'est pas un état spontané, ni une situation acquise par défaut. Elle est le résultat d'un effort collectif, d'une organisation réfléchie et de choix politiques durables. Là où les règles sont floues, où les injustices se multiplient et où les inégalités se creusent, la violence finit toujours par apparaître. La paix n'est donc pas simplement l'absence de guerre. Elle est le produit d'un équilibre social, politique et économique, qui doit être construit et entretenu.

Dans les sociétés humaines, la violence ne surgit jamais sans raison. Elle est presque toujours la conséquence d'un déséquilibre. Ce déséquilibre peut être matériel, lorsque des populations vivent dans la misère tandis que d'autres accumulent les richesses. Il peut être politique, lorsque certains groupes sont exclus du pouvoir ou privés de leurs droits. Il peut être culturel, lorsque des communautés se sentent humiliées, méprisées ou menacées dans leur identité. Dans tous les cas, la violence n'est pas une fatalité. Elle est un symptôme.

Si l'on veut construire une paix durable, il faut donc s'attaquer aux causes profondes de la violence, et non seulement à ses manifestations visibles. Punir un individu après un crime ne supprime pas les conditions qui ont rendu ce crime possible. Envoyer une armée pour rétablir l'ordre dans une région instable ne supprime pas les injustices qui ont provoqué la révolte. Les réponses purement répressives ou militaires peuvent parfois contenir la violence à court terme, mais elles ne la font jamais disparaître. Elles la déplacent, la retardent ou la transforment.

Une paix durable ne peut exister que dans une société qui offre à chacun une place, une perspective et une dignité. Lorsqu'un individu se sent utile, reconnu et protégé par les institutions, il a beaucoup moins de raisons de se tourner vers la violence. À l'inverse, lorsqu'il se sent abandonné, humilié ou exclu, il peut finir par considérer la violence comme un moyen d'expression ou de survie.

C'est pour cette raison que la justice et l'éducation jouent un rôle central dans la construction de la paix. Une justice qui se contente de punir sans comprendre ni réparer ne fait que gérer les conséquences. Une éducation qui se limite à transmettre des connaissances sans former des citoyens responsables et solidaires ne prépare pas une société stable. La paix durable repose sur des institutions qui préviennent les conflits avant qu'ils n'éclatent.

Dans une société bien organisée, la loi n'est pas seulement un instrument de sanction. Elle est aussi un outil de protection et d'orientation. Elle fixe les limites, mais elle garantit aussi les droits. Elle empêche les abus de pouvoir, mais elle protège également les plus faibles. Lorsque la loi est perçue comme juste et équilibrée, elle renforce la confiance des citoyens. Cette confiance est le premier pilier de la paix.

À l'inverse, lorsque la loi est injuste, arbitraire ou appliquée de manière inégale, elle devient une source de tensions. Les citoyens cessent de croire aux institutions. Ils cherchent d'autres moyens pour obtenir justice. C'est ainsi que naissent les révoltes, les violences sociales ou les conflits armés. Une paix durable ne peut donc exister sans une justice crédible et respectée.

Mais la justice, à elle seule, ne suffit pas. Elle intervient souvent après les conflits. L'éducation, elle, agit en amont. Elle façonne les mentalités, les comportements et les valeurs. Une société qui valorise la coopération, le respect des règles et la responsabilité individuelle prépare des citoyens capables de vivre ensemble. À l'inverse, une société qui néglige l'éducation civique, qui tolère les inégalités extrêmes ou qui banalise la violence, prépare les conflits de demain.

L'éducation ne doit pas seulement transmettre des savoirs techniques. Elle doit aussi former des individus capables de comprendre les autres, de gérer leurs émotions et de résoudre les conflits sans violence. Elle doit apprendre le respect de la loi, mais aussi le sens de la justice. Elle doit préparer les citoyens à vivre dans une société pluraliste, où les différences culturelles, religieuses ou sociales sont une richesse plutôt qu'une menace.

Une paix durable repose donc sur trois piliers essentiels. La justice, l'éducation et l'équilibre social. Si l'un de ces piliers est affaibli, l'ensemble de la structure devient instable. Une société très éduquée mais profondément injuste finira par se révolter. Une société juste mais économiquement déséquilibrée verra apparaître des tensions. Une société riche mais sans éducation civique sombrera dans l'individualisme et les conflits d'intérêts.

L'équilibre social est souvent le pilier le plus fragile. Il dépend de nombreux facteurs, comme l'accès à l'emploi, au logement, à la santé, à l'éducation et à la sécurité. Lorsque ces éléments sont répartis de manière trop inégale, la cohésion sociale se fragilise. Les frustrations s'accumulent. Les tensions augmentent. Et la paix devient un état précaire, toujours menacé.

C'est pourquoi les sociétés les plus stables ne sont pas nécessairement les plus riches, mais celles qui ont su organiser une certaine équité. Elles ne suppriment pas toutes les inégalités, car cela est impossible, mais elles empêchent les écarts de devenir insupportables. Elles offrent des perspectives à chacun. Elles permettent aux individus de croire que leurs efforts peuvent améliorer leur situation.

La confiance dans l'avenir est un facteur essentiel de paix. Un individu qui croit en son futur n'a aucune raison de détruire le présent. À l'inverse, celui qui n'a plus rien à espérer peut devenir dangereux pour lui-même et pour les autres. La paix durable passe donc par des politiques qui donnent des perspectives, qui encouragent l'initiative et qui récompensent les efforts.

La stabilité sociale dépend également du sentiment d'appartenance. Lorsqu'un individu se sent membre d'une communauté, il est plus enclin à respecter ses règles. Il protège ce qu'il considère comme sien. Il participe à l'effort collectif. Mais lorsqu'il se sent étranger dans son propre pays, exclu du système ou rejeté par les autres, il peut perdre ce sentiment de responsabilité.

Les sociétés modernes sont de plus en plus diverses. Les cultures, les religions et les modes de vie coexistent dans les mêmes espaces. Cette diversité peut être une richesse immense, mais elle peut aussi devenir une source de tensions si elle n'est pas encadrée par des règles communes. Une paix durable nécessite donc un socle de valeurs partagées, capables de rassembler des populations différentes.

Ces valeurs ne doivent pas être imposées par la force, mais construites par le dialogue et l'éducation. Elles doivent être suffisamment universelles pour être acceptées par tous, tout en laissant une place aux particularités culturelles. Ce socle commun pourrait reposer sur quelques principes simples.

> Le respect de la dignité humaine, l'égalité devant la loi, la liberté de conscience et la responsabilité individuelle.

Lorsqu'une société parvient à établir ces principes comme des évidences, elle renforce sa stabilité. Les conflits ne disparaissent pas, car ils font partie de la nature humaine, mais ils sont canalisés par des institutions. Ils se règlent par le débat, la négociation ou la justice, plutôt que par la violence.

La paix durable ne dépend donc pas seulement des dirigeants ou des institutions. Elle dépend aussi des comportements individuels. Chaque citoyen participe à la stabilité ou à l'instabilité de la société. Par ses choix, ses paroles et ses actes, il contribue soit à renforcer la confiance collective, soit à la fragiliser.

C'est pourquoi la responsabilité individuelle est un élément fondamental de la paix. Une société ne peut pas être stable si ses membres refusent toute règle ou toute contrainte. La liberté absolue de chacun conduirait rapidement à la loi du plus fort. La paix nécessite donc un équilibre entre la liberté et la responsabilité.

Cet équilibre repose sur un principe simple. Chacun doit pouvoir vivre librement, à condition de ne pas nuire à la liberté des autres. Ce principe, en apparence évident, est en réalité le fondement de toute société pacifique. Lorsqu'il est respecté, les tensions diminuent. Lorsqu'il est ignoré, les conflits se multiplient.

La construction d'une paix durable est donc un processus complexe, qui implique des institutions justes, une éducation solide, une économie équilibrée et des citoyens responsables. Aucun de ces éléments ne peut fonctionner seul. Ils doivent avancer ensemble, dans une logique cohérente.

Ce modèle, qui peut sembler idéaliste, existe déjà à petite échelle dans certaines sociétés. Les pays les plus stables sont ceux qui ont su développer ces différents piliers. Ils ne sont pas parfaits, mais ils ont réussi à limiter les conflits internes et à maintenir un niveau élevé de confiance sociale.

Pour le moment, les pays sur la bonne voie sont le Danemark, la Norvège, la Suède, la Finlande, l'Islande, la Suisse, les Pays-Bas, la Nouvelle-Zélande, le Canada et l'Allemagne entre autres.

Ces exemples montrent qu'une paix durable n'est pas une utopie. Elle est possible, à condition de réunir les conditions nécessaires. Mais ces conditions ne concernent pas seulement les sociétés individuelles. Elles doivent aussi être pensées à l'échelle internationale.

Car un pays stable dans un monde instable reste vulnérable. Les crises économiques, les migrations forcées, les conflits régionaux ou même les pandémies peuvent rapidement déstabiliser les nations les plus solides. La paix intérieure ne peut donc pas être totalement indépendante de la paix mondiale.

C'est ici que la question d'un ordre international plus structuré commence à apparaître. Si les sociétés ont besoin de règles communes pour vivre en paix, les nations ont peut-être besoin du même type de cadre. Les mêmes principes qui permettent la stabilité à l'intérieur d'un pays pourraient, à plus grande échelle, contribuer à la stabilité entre les pays.

Si les nations étaient totalement indépendantes les unes des autres, les conflits resteraient localisés et n'auraient qu'un impact limité. Mais le monde moderne n'est plus un ensemble de territoires isolés. Les économies sont liées, les ressources circulent, les informations voyagent instantanément et les crises se propagent d'un continent à l'autre en quelques jours. Dans ce contexte, l'instabilité d'une seule région peut affecter l'équilibre de l'ensemble de la planète.

Une guerre locale peut provoquer une crise énergétique mondiale. Une crise financière dans un pays peut entraîner des faillites à l'autre bout du monde. Une pandémie apparue dans une ville peut paralyser des continents entiers.

« Cette interdépendance rend la paix nettement plus fragile, mais elle rend aussi la coopération indispensable. »

Dans un tel monde, la paix durable ne peut plus être uniquement nationale. Elle doit devenir internationale. Les mêmes logiques qui permettent la stabilité à l'intérieur d'une société doivent être appliquées entre les sociétés elles-mêmes. Autrement dit, si la justice, l'éducation et l'équilibre social sont nécessaires à la paix intérieure, des principes équivalents doivent exister entre les nations.

Aujourd'hui, les relations internationales reposent encore largement sur le rapport de force. Les pays les plus puissants imposent souvent leurs décisions, directement ou indirectement. Les plus faibles doivent s'adapter, parfois au détriment de leur propre population. Ce déséquilibre crée des frustrations, des tensions et parfois des conflits ouverts.

Dans un système basé sur la force, la paix n'est jamais vraiment stable. Elle dépend de l'équilibre des puissances, de la dissuasion militaire et de la peur mutuelle. Ce type de paix est fragile, car il suffit qu'un acteur modifie cet équilibre pour que les tensions se transforment en guerre.

Une paix durable, à l'échelle mondiale, devrait reposer sur autre chose que la peur. Elle devrait reposer sur des règles communes, acceptées par tous, et sur des institutions capables de les faire respecter. De la même manière qu'une société pacifique ne peut pas exister sans lois, un monde pacifique ne peut pas exister sans cadre commun.

Cela ne signifie pas de supprimer les nations ou les cultures. Chaque pays doit pouvoir conserver son identité, ses traditions et son système politique. Mais il doit aussi accepter certaines règles fondamentales, comme les citoyens d'une même société acceptent les lois communes.

Ces règles internationales devraient porter sur les domaines qui concernent l'ensemble de l'humanité, comme la paix, la sécurité, l'environnement, la santé mondiale, les ressources essentielles et les échanges économiques.

> Aucun pays, même le plus puissant, ne peut résoudre seul ces questions.

Prenons l'exemple du climat. La pollution produite par un pays ne s'arrête pas à ses frontières. Elle affecte l'air, les océans et les écosystèmes de la planète entière. Si certains pays font des efforts et que d'autres ne font rien, les résultats seront insuffisants. Une action collective est donc indispensable.

Il en va de même pour les pandémies. Un virus ne reconnaît ni les frontières ni les drapeaux. Si un pays cache des informations ou refuse de coopérer, le monde entier peut en subir les conséquences. Là encore, une coordination mondiale devient une nécessité.

Les ressources naturelles posent également des défis communs. L'eau, les océans, l'espace ou les grands écosystèmes ne peuvent pas être gérés efficacement par un seul pays. Ils nécessitent des règles partagées, afin d'éviter les abus et les conflits.

Ces exemples montrent que la paix durable ne dépend pas seulement de l'absence de guerre. Elle dépend aussi de la gestion collective des problèmes communs. Un monde incapable de coopérer sur ces questions restera un monde instable.

Mais pour que cette coopération fonctionne, il faut de la confiance. Les nations doivent croire que les règles seront respectées par tous, et qu'aucun pays ne pourra en profiter pour prendre l'avantage. Sans cette confiance, les accords internationaux restent fragiles et temporaires.

La confiance entre les nations fonctionne de la même manière que la confiance entre les citoyens. Elle repose sur la justice, la transparence et le respect des engagements. Lorsqu'un pays trahit ses promesses ou viole les règles, la méfiance s'installe et les tensions augmentent.

C'est pourquoi une paix durable nécessite des institutions internationales crédibles. Ces institutions doivent être perçues comme justes, neutres et efficaces. Elles doivent représenter les intérêts communs, et non ceux d'un petit groupe de puissances.

Aujourd'hui, certaines institutions internationales existent déjà. Comme l'Organisation des Nations unies (ONU), l'Organisation mondiale de la santé (OMS), UNICEF, Programme alimentaire mondial (PAM), Fonds monétaire international (FMI) et la Cour pénale internationale (CPI) entre autres.

Elles ont permis d'éviter de nombreux conflits et de coordonner des actions communes. Mais leur pouvoir reste limité, et elles dépendent souvent de la volonté des États les plus influents.

Pour construire une paix durable, ces institutions devront évoluer. Elles devront devenir plus représentatives, plus transparentes et plus efficaces. Leur rôle ne sera pas de diriger le monde, mais de garantir le respect des règles communes.

Ce processus ne se fera pas en un jour. Les nations sont attachées à leur souveraineté, et il est normal qu'elles hésitent à céder une partie de leur pouvoir. Mais l'histoire montre que les sociétés progressent souvent en acceptant des règles communes pour éviter les conflits.

Les villes ont créé des lois pour organiser la vie collective. Les régions ont créé des institutions pour coordonner leurs actions. Les pays ont formé des unions pour renforcer leur stabilité. Chaque étape a nécessité des compromis, mais chaque étape a aussi permis d'éviter des conflits.

Le même raisonnement peut être appliqué à l'échelle mondiale. Les nations pourraient progressivement accepter certaines règles communes, non pas pour perdre leur identité, mais pour protéger leur avenir. La souveraineté absolue, dans un monde totalement interdépendant, devient une illusion.

Une paix durable ne signifie pas l'absence de désaccords. Les conflits d'intérêts existeront toujours. Mais dans un système bien organisé, ces conflits peuvent être réglés par des institutions, des tribunaux ou des négociations, plutôt que par la violence.

L'objectif n'est pas de créer un monde parfait, mais un monde plus stable. Un monde où les crises peuvent être gérées collectivement, où les injustices peuvent être corrigées, et où les conflits peuvent être résolus sans destruction massive.

La paix durable repose donc sur une idée simple. Les mêmes principes qui permettent à des individus de vivre ensemble dans une société doivent être appliqués entre les nations. Justice, règles communes, responsabilité et coopération.

Cette idée ne s'imposera pas par la force. Elle devra être acceptée progressivement, à mesure que les peuples comprendront que leur sécurité dépend aussi de celle des autres. La paix nationale et la paix mondiale sont liées. L'une ne peut pas exister durablement sans l'autre.

Ainsi, les fondations d'une paix durable ne se limitent pas aux frontières d'un pays. Elles s'étendent à l'ensemble de la planète. Et lorsque ces fondations seront suffisamment solides, l'idée d'un ordre mondial ne paraîtra plus abstraite ou inquiétante. Elle apparaîtra comme une évolution logique, presque naturelle, dans la longue recherche de l'humanité pour vivre en paix.

CHAPITRE IV

L'intérêt d'un ordre mondial

A l'échelle d'un pays, certains diront : « Pour vivre heureux chez soi, les autres doivent rester chez eux ! »

Peut-être, mais pour qu'ils restent chez eux, il faut qu'ils s'y sentent bien, en sécurité, vivre de leurs récoltes ou de leur travail.

« Cela fait écho à l'immigration d'une population défavorisée vers un pays favorisé. »

Comment mettre en place les installations nécessaires pour permettre aux différents peuples de chaque nation d'être bien chez eux, et particulièrement pour que les habitants des pays défavorisés n'aient pas envie d'abandonner leur pays en pensant que la vie sera sans doute meilleure ailleurs ?

La réponse ne peut pas être uniquement nationale. Les flux migratoires, les crises économiques, les guerres ou les catastrophes climatiques dépassent les frontières. Aucun pays, aussi puissant soit-il, ne peut régler seul des problèmes qui sont par nature mondiaux.

Vouloir le bonheur pour tous ne dépend pas d'un système, mais principalement de nous. C'est un état d'esprit personnel qui nous fait prendre des décisions dans notre intérêt ou celui de notre famille.

Cependant, les choix individuels sont toujours influencés par le cadre collectif. Un homme honnête dans un système corrompu finira souvent par se décourager, tandis qu'un système juste peut encourager des comportements vertueux. C'est pour cela que les institutions comptent autant que les intentions.

Objectivement, les familles qui quittent leur pays, le font pour de très bonnes raisons. Elles ne vont pas prendre des risques inconsidérés, simplement pour faire fortune. Elles vont principalement prendre des risques, car la vie actuelle ne donne pas l'espoir d'une amélioration ou d'un avenir meilleur.

Personne ne traverse un désert, une mer ou une zone de guerre par plaisir. L'immigration massive est presque toujours le symptôme d'un déséquilibre mondial, et non une cause.

Le rôle des politiques, d'un ordre, d'une institution, d'un chef d'état, voire d'un dictateur bienveillant, sera d'installer un cadre juste et sécuritaire pour nous donner la possibilité d'être heureux ensemble partout dans le monde.

Mais l'histoire a montré qu'aucun Homme providentiel n'est une solution durable. Les systèmes fondés sur une seule personne finissent presque toujours par dériver. Seules les règles communes, contrôlées par des institutions solides, peuvent garantir une stabilité sur le long terme.

C'est difficile et très ambitieux. Pourtant, en y regardant d'un peu plus près, cela ne semble pas illusoire et franchement très réalisable !

L'Humanité a déjà accompli des choses autrefois jugées impossibles, comme par exemple abolir l'esclavage, créer des systèmes de sécurité sociale, unir des pays ennemis comme en Europe ou envoyer des humains dans l'espace. Un ordre mondial n'est donc pas une utopie, mais une étape logique de l'évolution des sociétés humaines.

<u>Néanmoins, une telle évolution ne pourra se faire sans conséquences ni sacrifices.</u>

Toute organisation collective implique des concessions. En l'occurrence, la principale consistera à accepter qu'un dirigeant national ne gouverne plus seul, mais soit accompagné, encadré et équilibré par un collectif mondial agissant dans l'intérêt supérieur des peuples.

Tout d'abord, il faut comprendre que nous ne vivons pas seuls. Nous vivons en communauté avec des gens qui nous entourent. Des personnes sympathiques et d'autres beaucoup moins, pour de multiples raisons personnelles.

Autour de l'Homme, amplifié par l'accroissement de la population, il précise de plus en plus ses limites de propriété géographiques. Des limites pour identifier ce qui est à lui et ce qui est aux autres. Ce qui est autorisé ou ce qui ne l'est pas.

Ces limites sont naturelles et légitimes. De l'infiniment grand à l'infiniment petit, ces limites définissent un secteur sécurisé, une zone privée, une zone public, une zone de jeu ou une zone à risques, entre autres.

A l'échelle humaine, nous avons besoin de repères pour nous situer. La hiérarchisation des lieux ou des statuts professionnels permet de se repérer plus facilement dans le monde, comme avoir une carte pour retrouver son chemin.

> Il y a des frontières pour tout. Nous pourrions dire chacun à sa place, bien parqué comme des moutons.

Mais ces frontières, si elles organisent le monde, ne doivent pas devenir des murs infranchissables entre les peuples. Elles doivent servir à structurer. Pas à diviser.

Vous vivez chez vous, peut-être situé dans une parcelle en campagne ou dans un immeuble situé dans une rue, qui est située dans un quartier, qui est situé dans un arrondissement, qui est situé dans une ville, qui est situé dans une région, qui est située dans un pays, lui-même situé sur un continent, lui-même situé sur la terre.

Nous vivons tous dans le même monde et faisons tous partie d'une seule et même race. Dans cet ensemble, nous devons nous respecter, nous entraider.

Même si certains font le choix de vivre seul, ils ne le sont jamais complètement. Chacune de nos actions interfère inévitablement d'une manière ou d'une autre sur les autres par l'environnement commun.

« Il est indispensable de regarder plus loin pour prendre réellement conscience que nous avons besoin des autres pour nous épanouir. »

Un pays qui pollue une mer, un autre qui détruit une forêt ou un autre qui lance une guerre, ce sont des conséquences qui dépassent immédiatement ses frontières. Le monde moderne a supprimé les distances, mais pas encore les responsabilités communes.

Une vie de solitude durant des années, révèle généralement une perturbation psychologique. Hormis pour quelques rares personnes, peu sont capables de vivre complètement en autarcie. L'homme n'est pas habitué à cela. Dès la naissance, la socialisation a déjà commencé à s'intégrer dans nos gènes.

Au quotidien, nous avons oublié que chacune de nos actions n'est possible que parce que d'autres ont travaillé avant nous pour les rendre possibles. Nous marchons sur les traces que nos parents nous ont léguées. Ainsi, nous utilisons ce tableau terrestre et nous le complétons encore et toujours pour le léguer à notre tour à nos enfants.

> **NOUS AVONS BESOIN DES AUTRES POUR VIVRE !**

Et ce principe n'est pas seulement vrai entre voisins ou citoyens d'un même pays. Il est vrai entre les continents. Un smartphone, par exemple, est le fruit du travail de dizaines de pays différents. L'économie mondiale est déjà un ordre mondial de fait, mais sans véritable autorité politique commune.

Acheter un pain, nécessite d'avoir un boulanger. Nécessite d'avoir de la farine, nécessite d'être livré de cette farine, nécessite des céréales pour fabriquer cette farine, nécessite une récolte, nécessite un agriculteur pour réaliser cette récolte, nécessite d'avoir des connaissances, nécessite d'avoir une école pour apprendre ces connaissances. Cela nécessite d'avoir une logistique pour que les pays défavorisés soient aidés par les pays favorisés. Ainsi, chacun pourra s'acheter son pain quel que soit le pays.

De la même manière, une crise dans un seul pays peut perturber l'approvisionnement de dizaines d'autres. Une guerre ou une crise sanitaire n'est plus un problème local, mais un problème global.

Nous avons besoin des autres et les autres ont besoin de nous. Et quand il y a une difficulté, telle une grande famille, nous sommes présents pour nous entraider, c'est ce qu'a fait l'Europe pour sauver la Grèce de la faillite en 2012 et c'est ce qu'elle a fait pour défendre l'Ukraine en guerre contre la Russie en 2022.

Ces exemples montrent que les unions politiques ne sont pas seulement idéologiques. Elles servent à protéger les plus fragiles et à stabiliser l'ensemble.

> Que nous le voulions ou pas, nous sommes entrelacés, liés les uns aux autres.

« Dans les bons moments, comme dans les moments difficiles. »

Et quelquefois, des accidents se produisent et nous sommes tous impactés. Comme par exemple avec la catastrophe nucléaire de Tchernobyl en Ukraine en 1986. À cette époque, les pluies de ces nuages radioactifs, ayant traversé les frontières, ont sans doute contaminé quelques cultures des pays voisins, et probablement provoqué des cancers sur des individus.

Aujourd'hui, avec le climat, les pandémies ou les crises financières, ce type d'impact transfrontalier est devenu la norme, et non l'exception.

Mais qu'est-ce que l'ordre mondial ?

Déjà, tout dépend du point de vu d'où l'on se trouve.

Si l'on se place du point de vu d'un dictateur, son point de vu n'est pas très compliquer à deviner. Il est facile de comprendre que pour lui, l'ordre mondial se résume à l'ordre qu'il souhaite organiser lui-même, pour son intérêt personnel.

Dans l'histoire, chaque empire a voulu imposer son propre ordre mondial. Rome, l'Espagne, la France napoléonienne, l'Allemagne nazie ou l'Union soviétique. Ces tentatives se sont presque toujours terminées par des guerres, car elles reposaient sur la domination plutôt que sur l'équilibre.

C'est-à-dire rester au pouvoir de génération en génération, punir les personnes qui le critique, utiliser la peur pour obtenir des avantages, organiser toutes les idées farfelu qu'il voudra réaliser macabre soit elle, ponctionner l'argent du pays pour son avantage personnel, rendre les gens soumis, voir esclave. Il n'y a pas de limite.

Il est évident que personne ne souhaite d'un ordre mondial pareil. Mais pourtant, dans la tête d'un dictateur, c'est bien l'ordre qu'il aimerait développer pour le monde qu'il imagine.

En réalité, l'ordre mondial est un modèle. Une méthode qui tant à protéger les peuples des dérives ou des incohérences établi dans un pays.

Un véritable ordre mondial ne serait pas la domination d'un pays sur les autres, mais un ensemble de règles communes acceptées pour éviter les abus, les guerres et les injustices.

L'ordre mondial commence par une idée. Une volonté qui ne se réalisera peut être pas en une génération mais en plusieurs. L'ordre mondial est une volonté de hiérarchiser le monde avec des règles commune, juste et équitable. Des règles pour permettre à tous de vivre en harmonie.

Il ne s'agit pas de créer un pouvoir autoritaire planétaire, mais un cadre commun capable de prévenir les conflits et d'assurer les droits fondamentaux. Comme les lois dans une ville, ces règles ne servent pas à opprimer, mais à permettre à chacun de vivre en sécurité.

Mais il est évident que les pays les plus aptes a généré l'ordre dans le monde ne pourrait provenir que de pays doté de structure stable, puissante et déjà exemplaire. Et bien sûr pas en guerre ou en conflit.

Pour pouvoir proposer une idée généraliser, il faut déjà être capable de montré l'exemple pour montrer la voie !

Un pays instable ne peut pas enseigner la stabilité aux autres. C'est pour cela que les premières pierres d'un ordre mondial devront être posées par des nations solides, démocratiques et respectueuses des droits humains.

Mais il faut aussi avoir envie de propager cette équilibre au reste du monde, qui pour beaucoup sont en conflit ou en guerre. Sans cette volonté de coopération, les inégalités continueront de grandir et finiront par déstabiliser même les pays les plus riches. Les pays en paix pourrait alors ne pas vouloir mettre le doigt dans l'engrenage au risque d'avoir des répercutions, d'une guerre qui ne les concerne pas.

Pourtant, l'histoire prouve que les conflits finissent toujours par s'étendre. Les deux guerres mondiales ont commencé par des crises régionales avant de devenir planétaires. Ignorer les conflits extérieurs, c'est souvent préparer les crises intérieures de demain.

Mais pour convaincre les autres pays a entré dans une volonté d'ordre mondial, il faudrait qu'ils accepte de perdre leur pleine souveraineté. Accepter dans céder une petite partie, au moins pour adhérer, afin d'obtenir l'affiliation. Une forme de garantie de non-violence envers ces voisins.

Cette idée n'est pas nouvelle. Car chaque citoyen abandonne déjà une part de liberté individuelle pour vivre en société. Les pays, comme les individus, doivent parfois accepter des règles communes pour obtenir en échange la sécurité collective.

« Car l'ordre mondial n'est ni plus ni moins qu'une méthode garantissant la stabilité entre les nations, contribuant à une solidarité commune. »

Sans structure commune, le monde reste un espace où la loi du plus fort peut s'imposer. Avec un ordre mondial, la force serait remplacée par la règle.

178

Les états unis, pour eux même, avec 50 états, sont pour ainsi dire dans cette logique. Chacun des états grand comme un pays, sont réguler de manière générale par un seul président. Alors que chacun des états, conserve sa propre identité avec ces propre loi. Cette organisation montre qu'il est possible d'unir des territoires très différents sans détruire leur identité. L'unité n'efface pas la diversité, elle la structure.

L'Europe a fait encore mieux. Elle a réussi à fédérer des pays avec des langues différentes, des histoires et coutumes différentes, à fédérer autour d'un bien commun solidaire, autour d'une monnaie commune, sans dénaturer les lois internes à chacun des pays qui la compose.

C'est un exploit. Et c'est un exemple concret sur lequel il faut s'inspirer !

L'Union Européenne est la preuve que des nations autrefois ennemies peuvent devenir partenaires et construire une paix durable. Après des siècles de guerres, ce continent a réussi à instaurer une coopération historique.

La seul différence entre l'Europe et le future ordre mondial, est que pour le moment l'Europe unie seulement les pays environnant, limité par une religion commune.

Mais ce modèle pourrait s'étendre au-delà des différences culturelles, religieuses ou linguistiques. Le monde est déjà connecté par l'économie, les technologies et les communications. La politique finira par suivre ce mouvement.

Le jour où elle prendra en son sein un pays musulman ou autre, ce sera les prémices d'un rassemblement plus étendue, au-delà de la dernière barrière qu'est la religion. Cela prouvera que la coopération internationale n'est pas fondée sur une identité commune, mais sur des intérêts communs.

> Ce jour-là, l'Europe donnera une nouvelle impulsion. Celle d'une unification, qui peu à peu deviendra mondial.

Pour conserver tout ce qui fonctionne dans les différent pays, et retirer tout ce qui ne fonctionne pas ou mal !

L'objectif n'est pas d'uniformiser les cultures, mais d'uniformiser les garanties fondamentales, comme la sécurité, la justice, l'éducation, la santé et la liberté.

Pour qu'un jour l'ordre mondial soit baptisé comme tel, il faudra qu'une d'unification plus large commence à exister et soit proposer par un organisme d'unification indépendante. Cet organisme devrait être perçu comme un arbitre neutre, et non comme une puissance dominante. Sa légitimité viendra de la confiance des peuples, et non de la force militaire.

Pour qu'un ordre mondial soit mis en œuvre, il ne suffit pas seulement de prendre en considération la mentalité, le caractère, l'expérience de la vie de chacun des hommes, mélangés aux coutumes, à l'histoire des peuples et à l'éducation qui nous a été donnée.

Pour que cela fonctionne, il faut obtenir l'adhésion des peuples. Au minimum à plus de 60%. (Le pourcentage nécessaire pour convaincre une partie par l'autre partie.)

Un ordre mondial imposé par la force serait condamné à l'échec. Seule l'adhésion progressive des peuples pourra lui donner une légitimité durable.

Or, cette adhésion ne pourrait se faire qu'en période de conflit mondial chaotique, ou en présence d'une véritable coalition visant à aider les peuples, même éloignés géographiquement, confrontés à des violences et à des difficultés extrêmes.

En effet, en l'absence de conflit d'une ampleur suffisante, il serait illusoire d'instaurer une autorité de cette envergure pour un objectif aussi limité.

L'histoire montre que les grandes avancées politiques naissent souvent de crises majeures. Comme par exemple, l'ONU après la Seconde Guerre mondiale, l'Union Européenne après les conflits Européens et les systèmes sociaux après les crises économiques.

> Les périodes de chaos ouvrent souvent la voie à de nouvelles organisations.

Alors au vu de la conjoncture actuelle, est-ce le bon moment pour installer un ordre mondial ?

Avec deux années de pandémie, fragilisant économiquement tous les pays mondiaux, pouvons-nous interpréter cela comme un début pertinent ?

La pandémie a démontré une réalité simple. Aucun pays n'était prêt seul, et tous dépendaient des autres pour les vaccins, les masques, les médicaments ou les chaînes d'approvisionnement.

Avec des conflits et des guerres diversifiés aux quatre coins du monde, pouvons-nous interpréter cela comme un début pertinent ?

Le monde n'a jamais été aussi connecté, et pourtant les tensions géopolitiques restent nombreuses. Cela prouve que la mondialisation économique sans gouvernance mondiale crée des déséquilibres.

Dans le tableau ci-dessous, les zones de guerre dans le monde en 2021.

Le monde en guerre en 2021
Pays où des affrontements armés impliquant des forces de l'État et/ou des groupes rebelles sont en cours*

* dernières données disponibles: 30 juillet 2021.
Source : The Armed Conflict Location & Event Data Project

Les tensions diplomatiques à venir et le risque d'une 3ème guerre mondiale accompagné d'une influence atomique, sont des éléments qui confirment une réelle tension qui ne fait que progresser. Rien ne dit que la situation s'aggravera.

Mais justement. Faut-il attendre que cela s'aggrave ?

L'histoire enseigne que les sociétés qui anticipent survivent mieux que celles qui réagissent trop tard.

Devons-nous attendre une nouvelle catastrophe nucléaire pour s'organiser et vivre enfin en paix ?

Peut-être que certains ont peur d'être contrôlé par un ordre mondial où nous serions privés de liberté !

Cette peur est compréhensible, car le mot « ordre » évoque souvent la contrainte. Pourtant, dans la vie quotidienne, l'ordre est ce qui nous protège du chaos.

<u>Prenons un exemple à une petite échelle</u>.

Actuellement, si vous vous sentez en danger, ou si vous faites l'objet d'une injustice, que faites-vous ?

Normalement, vous faites appel **aux forces de l'ordre**. (La gendarmerie.) Ils prendront alors votre déposition ou votre appel et ils viendront vous secourir ou tout au moins œuvrer dans ce sens.

« Les gendarmes sont les garants de notre liberté. »

Eh bien, l'ordre mondial, c'est exactement la même chose à une échelle supérieure.

Sans forces de l'ordre, la liberté du plus faible disparaît. La liberté réelle n'existe que lorsqu'elle est protégée par des règles et par une autorité capable de les faire respecter.

Ils s'assureront de protéger notre liberté et notre sécurité. Ils agiront comme un arbitre entre les nations, afin que les conflits soient réglés par le dialogue, les lois et la justice internationale, et non par les armes.

En théorie, nous aspirons généralement tous et de manière individuelle à une vie paisible et enrichissante. En pratique, cela demande bien évidemment de faire des efforts.

« La paix n'est pas un état naturel. C'est une construction politique, sociale et morale. Elle doit être organisée, protégée et entretenue. »

Non seulement avec nos pays voisins, mais avec tous les pays du monde !

Le XXIe siècle marque le passage d'une humanité divisée en blocs à une humanité interdépendante. Nos problèmes sont mondiaux, nos solutions devront l'être aussi.

Pour cela, il serait préférable d'adopter un langage et un code communs afin de faciliter les échanges et la compréhension entre les peuples. La langue la plus logique, en première ou en deuxième langue, serait sans doute l'Anglais, déjà largement répandu et utilisé comme langue de communication internationale.

Quant au code commun, au-delà du simple langage oral, il en existe déjà un qui est reconnu partout et propre à chaque pays. Il s'agit de la loi. En harmonisant progressivement certains principes juridiques fondamentaux, il deviendrait possible de créer un socle commun de règles compréhensibles par tous, sans pour autant effacer les spécificités culturelles et législatives de chaque nation.

Comment pouvons-nous nous comprendre si nous ne connaissons pas les limites à ne pas franchir ?

Si un ordre mondial devait être instauré, ses principes et ses limites devraient d'abord être pensés par un noyau restreint de pays volontaires, déjà engagés dans les réformes nécessaires au sein de leurs propres institutions. Ces États pilotes pourraient ensuite proposer ce modèle à un ensemble plus large de nations, dans une logique d'adhésion progressive plutôt que d'imposition.

Ce processus devrait être volontaire, transparent et évolutif, afin d'éviter toute crainte de domination ou de contrainte extérieure, et de permettre à chaque pays d'y participer en connaissance de cause, selon son rythme et ses capacités.

Actuellement, chacun des pays possède ses propres lois, façonnées par son histoire, sa culture et son organisation sociale. Il suffirait pourtant d'y ajouter un ensemble limité de règles d'harmonisation, destinées à faciliter la vie commune, la coopération entre les peuples et l'épanouissement des citoyens dans un cadre partagé, plutôt que de percevoir la loi uniquement comme un instrument de sanction.

Car une société stable ne repose pas sur la peur de la punition, mais sur la compréhension des règles, leur légitimité et l'adhésion volontaire de la population à celles-ci.

Dans cette perspective, la loi ne devrait plus être vue comme une contrainte imposée d'en haut, mais comme un outil collectif permettant aux individus de vivre ensemble dans le respect et la confiance.

Même si certaines personnes dérapent au cours de leur vie, apprendre de ses erreurs fait partie du processus naturel de l'existence. L'erreur n'est pas seulement une faute, elle peut être une étape vers la compréhension, la maturité et la responsabilité. Il faut toujours garder à l'esprit que la planète est notre maison et que, nous, les humains, formons une seule et même famille. La Terre est à la fois un terrain d'expérience, un espace d'épreuves et un lieu de coopération. Elle doit être entretenue avec soin, car notre équilibre et l'avenir de nos enfants en dépendent directement.

Si nous rêvons d'un monde plus uni, plus équilibré, avec moins de violence, de mensonges, d'abus ou de crimes, il devient indispensable d'éduquer les populations de tous les pays afin de réduire les inégalités de savoir. Une instruction partagée ne signifie pas une uniformité culturelle, mais un socle commun de connaissances permettant aux peuples de mieux se comprendre. Sur la base des règles locales, des principes communs pourraient alors se compléter pour aboutir à une cohésion globale.

(Voir sur le sujet, le Tome 1 : Liberté, surpopulation et décadence 2020-2120, ainsi que le Tome 4 : Des règles pour un monde meilleur.)

L'instruction devrait être harmonisée, tout en conservant l'histoire et les particularités de chaque peuple. L'objectif ne serait pas d'effacer les identités, mais de construire un socle commun de valeurs humaines, scientifiques et civiques. Car, dans tous les pays, l'histoire s'écrit aujourd'hui pour les générations de demain.

Cependant, il faut aussi savoir se détacher du passé pour évoluer. L'histoire doit éclairer l'avenir et non l'emprisonner. Les périodes de gloire peuvent nourrir l'orgueil des nations, tandis que les périodes sombres peuvent alimenter les ressentiments et les victimisations. Or, aucune société ne peut progresser durablement en restant prisonnière de ses blessures ou de ses illusions de grandeur.

Il faut se rendre à l'évidence. Tant que l'être humain restera envieux, jaloux ou mal éduqué, les guerres continueront d'exister. L'ignorance, la peur et la rivalité nourrissent les conflits bien plus que les différences elles-mêmes. Dans le monde actuel, il y aura toujours un pays qui fera la guerre à un autre, persuadé d'agir pour des raisons légitimes. Pendant ce temps, d'autres continueront leur vie comme si ces conflits ne les concernaient pas, comme si la mort et la souffrance, ailleurs, n'avaient aucune importance. Cette indifférence collective entretient les tragédies et empêche l'émergence d'une solidarité réelle entre les peuples.

Ce comportement doit cesser. L'humanité ne peut pas progresser si elle accepte la guerre comme une fatalité ordinaire. Il nous faut être protégés de ces pensées banalisantes et destructrices.

> Dans un monde interdépendant, les conflits locaux finissent toujours par devenir des crises globales !

Qui, à part une organisation mondiale légitime et reconnue, serait capable de résoudre durablement les conflits internationaux ?

Comment mettre fin aux affrontements actuels, qu'il s'agisse de la Palestine, de la Russie et de l'Ukraine, ou des autres tensions dans le monde ?

Est-il raisonnable de légitimer les armes afin de permettre aux nations de s'entretuer ?

La violence militaire ne résout presque jamais les causes profondes des conflits. Elle ne fait que les prolonger et les amplifier.

La pandémie de la Covid-19 a montré que les peuples du monde pouvaient accepter des mesures communes pour protéger l'intérêt général. Malgré les tensions et les divergences, une majorité de citoyens a accepté des restrictions pour préserver la santé collective, preuve que l'humanité est capable d'agir dans un sens commun lorsque le danger est perçu comme universel.

Cette expérience a démontré qu'une coordination mondiale, même imparfaite, est possible lorsque les enjeux dépassent les frontières.

À terme, l'instruction devra permettre de se protéger de la malveillance de certains politiciens ou manipulateurs. Une population éduquée est plus difficile à tromper, plus difficile à diviser et plus apte à défendre ses droits. Les individus malhonnêtes, qui profitent de l'ignorance ou de la misère, perdraient leur influence. Les délinquants qui exploitent les plus fragiles seraient rapidement neutralisés par des règles communes et justes.

Pour que chacun ait les mêmes chances de progresser dans sa vie, un ordre mondial devrait garantir l'accès à l'éducation, à la sécurité et aux infrastructures essentielles, partout dans le monde. Il organiserait la construction d'écoles, de centres de formation et de lieux de savoir accessibles à tous, quel que soit l'âge ou la condition sociale.

L'éducation généralisée permettrait à chacun de s'épanouir, de gagner sa vie, d'innover, de se soigner et d'évoluer.

Les écoles devraient être implantées partout où elles sont nécessaires, avec des enseignants formés et reconnus. Une véritable solidarité internationale devrait permettre le partage des connaissances, des technologies et des méthodes pédagogiques. Les pays les plus favorisés auraient la responsabilité de transmettre leur savoir et de contribuer concrètement à la formation et aux infrastructures dans les régions défavorisées.

Donner uniquement de l'argent ne suffit pas. Sans suivi, sans structure et sans formation, l'aide financière seule peut être inefficace ou détournée. Le véritable progrès passe par la transmission de compétences, par la formation d'enseignants et par la construction d'institutions solides.

Le partage des connaissances doit être complet, de l'instruction de base jusqu'aux études supérieures techniques, scientifiques et médicales. Car une population instruite est la première richesse d'une nation.

Si les conditions de vie ne s'améliorent pas grâce à l'éducation, à l'hygiène et aux infrastructures de santé, des millions de personnes continueront de fuir leur pays vers des régions mieux équipées. Les migrations massives sont souvent la conséquence directe d'inégalités profondes et durables.

Pour éviter ces drames, une forme de démocratie mondiale devrait progressivement être mise en place. Chaque citoyen du monde pourrait participer aux grandes décisions communes, grâce à des systèmes de vote sécurisés, transparents et contrôlés par plusieurs instances indépendantes. Le doute devrait être réduit au minimum par la transparence et la vérification.

Pour beaucoup de citoyens, le terme « ordre mondial » peut sembler inquiétant ou abstrait. Il évoque souvent la perte de liberté ou la domination d'une autorité lointaine et impersonnelle. Pourtant, si l'objectif premier de cette institution était clairement défini comme la protection des peuples, elle pourrait être perçue non comme une menace, mais comme un garant des droits fondamentaux. Elle agirait alors comme un médiateur international, doté d'outils juridiques, structurels et économiques lui permettant d'intervenir avec mesure et légitimité. Elle deviendrait ainsi un protecteur collectif, chargé de préserver l'équilibre entre les nations, de prévenir les abus de pouvoir et d'assurer une stabilité durable au service de l'intérêt commun.

Cette institution serait également à l'écoute des observations de tous les citoyens du monde. Si une telle structure existait et agissait réellement dans l'intérêt commun, elle deviendrait une source de stabilité et de confiance.

Cet ordre mondial serait aussi le garant des libertés individuelles. Il protégerait les citoyens contre les abus de pouvoir, même lorsque ces abus proviennent de dirigeants élus.

Dans des cas extrêmes, l'ordre mondial pourrait destituer un chef d'État défaillant, corrompu, qui ne respecte plus ses engagements, qui opprime son peuple ou qui menace la stabilité internationale. Une autorité provisoire assurerait alors la continuité des institutions, le temps d'organiser une élection libre et transparente.

« Ce mécanisme éviterait les dérives autoritaires, les dictatures prolongées et les coups d'État. »

Pour relever ces défis communs, il devient évident qu'une structure internationale coordonnée est indispensable. Un ordre mondial pourrait ainsi gérer les grandes menaces de l'humanité, qu'il s'agisse de pandémies, de catastrophes naturelles, de crises économiques, de risques climatiques ou d'événements extérieurs comme les astéroïdes ou les tempêtes solaires. Aucune nation, quelle que soit sa puissance, ne peut agir seule de manière efficace et durable face à ces enjeux globaux.

Les présidents et gouvernements continueraient à exercer leur autorité locale, mais ils devraient le faire dans le cadre de principes universels, basés sur les droits humains, la justice et la transparence, afin de garantir l'équité et la cohérence à l'échelle mondiale.

Pour éviter toute concentration excessive du pouvoir et de prévenir les dérives autoritaires, l'ordre mondial ne serait pas dirigé par un seul individu. L'autorité serait répartie au sein d'un conseil de représentants, appelés sages, issus de chaque grande région du monde, de manière à refléter la diversité des peuples et à garantir une gouvernance collective, équilibrée et responsable.

Ces sages pourraient provenir de domaines variés tels que la science, la philosophie, la haute magistrature, l'économie, la santé ou l'éducation. Ils seraient issus de tous les pays et de tous les milieux sociaux, afin que les réalités du quotidien ne soient jamais oubliées par les élites dirigeantes. Leur sélection reposerait sur des compétences avérées, une intégrité reconnue et une expérience significative, puis serait validée par un vote mondial, afin d'assurer leur légitimité auprès des citoyens.

Le conseil pourrait être structuré en sept sections distinctes, chacune composée de cinq sages, soit un total de trente-cinq membres. Chaque sage exercerait un mandat de sept ans, renouvelable par un vote interne du conseil, afin d'assurer à la fois stabilité, continuité et capacité d'adaptation. Cette organisation par sections permettrait de couvrir l'ensemble des domaines essentiels à l'équilibre du monde contemporain.

Type de Sage	Mode de sélection	Rôle principal
5 Sages Politiques	Parmi les anciens chefs d'États	Arbitrage et coordination
5 Sages Scientifiques (Épidémiologiste, climatologue, astrophysicien, écologue, cybernéticien)	Cooptation par les Académies	Vérification factuelle
5 Sages Citoyens	Tirage au sort mondial. (Parmi les citoyens n'ayant aucun mandat politique)	Veille éthique
5 Sages Philosophes (incluent historiens et sociologues reconnus)	Élection par les pairs.	Vision à long terme
5 Sages Magistrats	Haute magistrature (juges de cours internationales)	Cohérence d'ensemble et faisabilité

Type de Sage	Mode de sélection	Rôle principal
5 Sages Économistes	Sélection par les chambres de commerce et syndicats internationaux	Audit et rigueur budgétaire
5 Sages Bâtisseurs	Concours sur projets (Ingénieurs ayant réalisé des ouvrages d'utilité publique)	Expertise opérationnelle (Écoles, hôpitaux, réseaux…)

Pour éviter que des Sages corrompus n'intègrent le groupe, chaque membre nommé ferait l'objet d'une enquête de transparence totale par l'institution elle-même avant de siéger.

Certains seraient élu par tirage au sort, d'autres par une première sélection de leurs pairs, puis par le vote des dirigeants de leur pays.

La méthode de vote utilisée par les différents dirigeants pour valider ou invalider une question mondiale reposerait sur le principe fondamental que chaque individu possède une valeur identique, ce qui implique que chaque voix humaine doit peser le même poids dans les décisions planétaires.

Contrairement au système actuel, où chaque nation dispose d'une seule voix, quel que soit son nombre d'habitants, ce modèle proposerait un suffrage proportionnel à la réalité démographique et territoriale. Le poids du vote d'un dirigeant ne serait donc plus arbitraire selon le principe (1 pays = 1 voix), mais calculé à partir d'un indice combinant le nombre d'habitants et la superficie du territoire qu'ils occupent. Ainsi la présence humaine sur la terre deviendrait une véritable mesure de responsabilité politique, et non plus seulement une donnée administrative.

En indexant le suffrage sur le rapport entre population et espace disponible, ce système chercherait à établir un équilibre global respectant l'occupation réelle du sol. Il permettrait d'éviter qu'un territoire très vaste mais faiblement peuplé ait une influence disproportionnée, tout comme il empêcherait qu'un territoire extrêmement dense impose seul sa volonté au reste du monde.

Cette approche offrirait ainsi une représentation plus fidèle de la réalité humaine de chaque nation, en tenant compte à la fois de sa population et de son ancrage géographique. Le vote ne serait plus uniquement l'expression de frontières politiques, mais le reflet concret de l'humanité répartie sur la surface terrestre et maritime, reliant directement le destin de chaque personne à la gestion de son environnement.

Un tel système encouragerait également les États à mieux équilibrer leur développement, leur gestion du territoire et leur démographie, car leur influence internationale dépendrait désormais de leur capacité à organiser durablement l'espace qu'ils occupent et la population qui y vit.

Le président suprême de l'ordre mondial aurait uniquement un rôle de coordination et de représentation, afin de s'assurer que les décisions mondiales soient techniquement et politiquement applicables sur le terrain et dans chaque pays. Il ne disposerait d'aucun pouvoir décisionnel et ne pourrait agir sans l'accord des sages. Ce qui éviterait toute dérive autoritaire.

Le système pourrait s'inspirer partiellement de modèles fédéraux existants, comme celui des États-Unis, mais surtout de l'Union Européenne, qui dispose déjà de solides prédisposition en matière de coopération supranationale, tout en adaptant ces principes et ces mécanismes à une échelle mondiale.

Chaque pays conserverait son gouvernement et sa culture, mais participerait à une institution commune chargée des grandes décisions globales.

Le président de l'ordre mondial pourrait être choisi parmi plusieurs chefs d'État, selon un système de tirage au sort contrôlé, pour un mandat court et non renouvelable, comme pour l'Union Européenne, mais à la méthode du conclave du Vatican. Ce système empêcherait toute prise de pouvoir durable et limiterait les ambitions personnelles.

En cas de nécessité décisionnelle urgente, l'ensemble des sages devra se réunir afin de prendre les décisions qui s'imposent, toujours dans l'intérêt supérieur d'un peuple ou dans le cadre de relations susceptibles d'affecter d'autres nations. Toujours en concertation avec les chefs d'État concernés.

Avant toute prise de décision, un vote devra être organisé dans un hémicycle dédié. Pour qu'un débat soit considéré comme valable, la participation des sages devra atteindre plus de 90 % de présence effective. Aucune décision ne pourra être adoptée si le résultat du vote n'est pas clairement significatif. Pour qu'une mesure soit validée, elle devra recueillir au minimum 66 % des suffrages, et non une simple majorité, afin de garantir une adhésion large et une légitimité incontestable.

L'ordre mondial serait intégré dans la nouvelle constitution de chaque pays, et chaque ambassade nationale pourrait servir d'antenne locale de l'ordre mondial, chargée de remonter les informations et les préoccupations des citoyens. Ainsi, l'institution resterait connectée aux réalités du terrain, et non enfermée dans une bureaucratie distante.

L'ordre mondial n'aurait pas nécessairement un siège fixe. Ses réunions pourraient se tenir dans différents pays, selon les besoins et les enjeux, afin de symboliser son caractère universel et non centralisé.

Dans le cas où un dirigeant deviendrait dangereux pour son peuple ou pour le monde, l'ordre mondial pourrait suspendre temporairement son pouvoir et organiser une nouvelle élection. Ce mécanisme constituerait une garantie contre les dictatures et les abus prolongés.

Grâce à cette organisation, les armes nucléaires pourraient être progressivement supprimées, ainsi que les armements lourds destinés aux guerres entre nations. La sécurité mondiale serait assurée par une force internationale de maintien de la paix, placée sous le contrôle collectif de l'ordre mondial.

Au lieu de guerres armées, les conflits entre pays seraient réglés par une justice internationale. Les nations ne s'affronteraient plus par les armes, mais par le dialogue, les preuves et les décisions juridiques.

Les États se comporteraient alors comme des sociétés civilisées, capables de régler leurs différends par la raison plutôt que par la violence.

Il faut bien comprendre pourquoi, dans le monde, les pays s'affrontent. Les conflits entre nations ne naissent presque jamais du hasard. Ils trouvent généralement leur origine dans des intérêts concrets, des peurs profondes ou des ambitions politiques. Un pays agit souvent à l'initiative d'une revendication ou d'une pression, au détriment d'un autre qui dispose alors de peu d'alternatives. Soit il obtempère, soit il résiste, et la guerre devient possible.

L'une des causes les plus anciennes et les plus fréquentes reste la lutte pour les ressources. L'eau, les terres fertiles, le pétrole ou les minerais rares représentent des richesses indispensables à la survie et à la prospérité. Lorsqu'un territoire manque de ressources vitales, la tentation apparaît d'aller les chercher ailleurs, parfois chez le voisin, transformant la rivalité économique en conflit armé.

Il existe également les chocs idéologiques et religieux. Ici, la guerre ne porte plus seulement sur ce que l'on possède, mais sur ce que l'on croit. Le refus de la différence, la volonté d'imposer une vision du monde ou une doctrine, peuvent transformer les convictions en armes. La guerre devient alors un moyen d'affirmer une prétendue supériorité morale, culturelle ou spirituelle.

Une autre cause réside dans la soif de pouvoir et l'ego politique. Dans certains cas, la guerre n'est pas réellement la volonté d'un peuple, mais celle d'un dirigeant défaillant, corrompu, fragilisé ou obsédé par son image dans l'histoire. Pour consolider son autorité, détourner l'attention de problèmes internes ou nourrir un récit nationaliste, certains chefs d'État déclenchent des conflits dont les populations paient le prix.

Il faut enfin évoquer le dilemme de la sécurité. Un mécanisme bien connu des relations internationales. Un pays peut craindre son voisin et décider de s'armer pour se protéger de lui. Mais pour l'autre, ce renforcement militaire est perçu comme une menace, qui s'arme à son tour. Chacun agit par peur, pensant se défendre, alors qu'il contribue en réalité à alimenter une spirale de méfiance et de tension.

Ce cycle d'armement mutuel crée un climat d'insécurité permanent, jusqu'au moment où une simple étincelle, un incident, une erreur d'interprétation ou une provocation, suffit à déclencher un conflit ouvert. Ce phénomène révèle avant tout l'absence d'une autorité de justice neutre et supérieure, capable d'arbitrer les différends entre nations avant qu'ils ne se transforment en affrontements militaires.

Au fond, les nations se font encore la guerre parce qu'elles évoluent dans un état proche d'une nature sauvage à l'échelle internationale, où la force et la méfiance dominent le droit.

Il devient donc nécessaire de franchir une nouvelle étape historique. Passer d'un monde régi par l'équilibre des armes à une véritable civilisation mondiale, dans laquelle une autorité légitime et collective, (la loi des Sages), remplacerait progressivement la loi du plus fort. Cette transition ne viserait pas à supprimer les identités nationales, mais à leur offrir un cadre supérieur de protection, de médiation et de justice, afin que les conflits se règlent par le droit et la raison, plutôt que par la destruction.

Pour créer un ordre mondial dans les meilleures conditions, la méthode la plus efficace serait progressive et fondée sur la confiance.

La première étape consisterait à renforcer les institutions internationales existantes, en leur donnant plus de moyens et plus de transparence.

La deuxième étape serait la création de programmes mondiaux obligatoires dans trois domaines. L'éducation, la santé et l'environnement. Ces domaines concernent tous les peuples et constituent une base de coopération universelle.

La troisième étape serait l'instauration d'un parlement mondial consultatif, composé de représentants élus directement par les citoyens. Ce parlement n'aurait d'abord qu'un rôle d'avis et de contrôle.

La quatrième étape consisterait à créer une justice internationale réellement contraignante, capable de juger les crimes d'État, les crimes environnementaux et les violations graves des droits humains.

La cinquième étape serait l'harmonisation progressive des droits fondamentaux. Comme l'accès à l'éducation, à la santé, à l'eau, à la sécurité et à un revenu minimum de subsistance.

Enfin, la dernière étape serait la mise en place d'un véritable gouvernement mondial limité, chargé uniquement des grandes questions communes, comme la paix, le climat, les pandémies, l'espace, la sécurité internationale et la régulation économique globale.

Les États conserveraient leur souveraineté pour les questions culturelles, locales et sociales.

Ce modèle reposerait sur un principe simple. Ce qui peut être géré localement doit rester local, et ce qui concerne toute l'humanité doit être géré collectivement.

Ainsi, l'ordre mondial ne serait pas une domination centralisée, mais une coopération organisée. Il représenterait une étape logique dans l'évolution des sociétés humaines, après les tribus, les cités, les royaumes et les nations.

Lorsque les conflits seront réglés par la justice, lorsque l'éducation sera accessible à tous et lorsque les nations coopéreront pour protéger la planète, l'humanité pourra atteindre un équilibre durable. Un équilibre fondé sur la connaissance, la responsabilité et la solidarité entre les peuples.

C'est dans ces conditions qu'un ordre mondial pourrait réellement servir l'intérêt commun et devenir une structure acceptée, stable et bénéfique pour tous.

FIN

Table des matières

Information 6

QR Code / Adresse du site dédié 8

Avant-propos 11

Chapitre I
La Justice est-elle Juste ? 15

Chapitre II
Instruire pour ne pas Punir 83

Chapitre III
Les Fondations d'une Paix Durable 151

Chapitre IV
L'Intérêt d'un Ordre Mondial 167

Table des matières 211

REMERCIEMENTS 213

Ouvrages de la collection et + ... 214

REMERCIEMENTS

Chères Lectrices, Chères Lecteurs, Chers Amis.

Merci d'être toujours au rendez-vous.
Je dois vous avouer que la tâche d'analyser l'évolution de notre société devient de plus en plus complexe. Face aux récits de pure évasion, maintenir un espace pour la réflexion et les vérités concrètes est un combat de chaque jour. En vous plongeant dans ce **Tome 3,** vous prouvez que la lucidité est une valeur que nous partageons.

Votre soutien me pousse à aller encore plus loin dans mes investigations. Pour ceux qui auraient manqué les étapes précédentes, je vous encourage vivement à les réserver. Les révélations qu'ils contiennent sont cruciales pour comprendre notre trajectoire actuelle. Vous êtes, à mes yeux, des lecteurs engagés et importants. Ensemble, nous pointons du doigt ce qui doit être changé.

Merci pour ces heures de lecture partagées. Votre engagement sur les réseaux sociaux pour faire connaître mon travail est une aide précieuse.

VOUS AVEZ AIMÉ CE LIVRE ?

Vous aimerez également les autres ouvrages de l'Auteur : **PATRICK LALEVÉE**

Tome 1 : Liberté, Surpopulation et Décadence 2020-2120.

Tome 2 : Covid-19, la Manipulation Française.

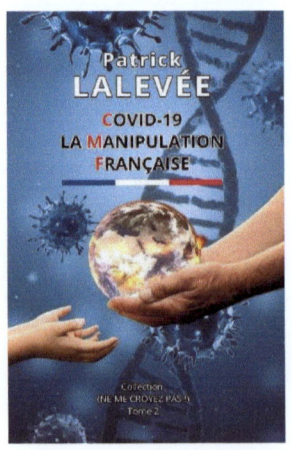

Tome 4 : Des Règles pour un Monde Meilleur.

_____•_____

PROLONGEZ L'EXPÉRIENCE EN LIGNE

Mon travail de recherche ne s'arrête pas aux pages des livres de la collection « **NE ME CROYEZ PAS !** ». D'autres ouvrages sont à votre disposition sur le site :

patricklalevee.com

Vous y trouverez d'autres thématiques bien différentes, avec des liens vers des vidéos exclusives, des documents et les images sources de mes enquêtes pour porter un autre regard sur l'actualité mondiale.

_____•_____